FALAR E
ESCUTAR
NA SALA
DE AULA

Dados Internacionais de Catalogação na Publicação (CIP)
(Câmara Brasileira do Livro, SP, Brasil)

Schwartz, Suzana
  Falar e escutar na sala de aula : propostas de atividades práticas / Suzana Schwartz. – Petrópolis, RJ : Vozes, 2018.
  Bibliografia

  1ª reimpressão, 2019.

  ISBN 978-85-326-5649-0
  1. Atividades 2. Educação 3. Fala 4. Linguagem 5. Oralidade 6. Pedagogia 7. Prática de ensino 8. Sala de aula – Direção I. Título.

17-09543   CDD-371.1022

Índices para catálogo sistemático:
1. Comunicação : Sala de aula : Educação   371.1022

SUZANA SCHWARTZ

FALAR E ESCUTAR NA SALA DE AULA

PROPOSTAS DE ATIVIDADES PRÁTICAS

EDITORA VOZES

Petrópolis

© 2018, Editora Vozes Ltda.
Rua Frei Luís, 100
25689-900 Petrópolis, RJ
www.vozes.com.br
Brasil

Todos os direitos reservados. Nenhuma parte desta obra poderá ser reproduzida ou transmitida por qualquer forma e/ou quaisquer meios (eletrônico ou mecânico, incluindo fotocópia e gravação) ou arquivada em qualquer sistema ou banco de dados sem permissão escrita da editora.

CONSELHO EDITORIAL

Diretor
Gilberto Gonçalves Garcia

Editores
Aline dos Santos Carneiro
Edrian Josué Pasini
Marilac Loraine Oleniki
Welder Lancieri Marchini

Conselheiros
Francisco Morás
Ludovico Garmus
Teobaldo Heidemann
Volney J. Berkenbrock

Secretário executivo
João Batista Kreuch

Editoração: Maria da Conceição B. de Sousa
Diagramação: Sheilandre Desenv. Gráfico
Revisão gráfica: Nilton Braz da Rocha
Capa: Ygor Moretti

ISBN 978-85-326-5649-0

Editado conforme o novo acordo ortográfico.

Este livro foi composto e impresso pela Editora Vozes Ltda.

A pluralidade humana, condição básica da ação e do discurso, tem o duplo aspecto de igualdade e diferença. Se não fossem iguais, os homens seriam incapazes de compreender-se entre si e os seus ancestrais, ou de fazer planos para o futuro e prever as necessidades das gerações vindouras. Se não fossem diferentes, se cada ser humano não diferisse de todos os que existiram, existem ou virão a existir, os seres humanos não precisariam do discurso ou da ação para se fazer entender. Com simples sinais e sons poderiam comunicar suas necessidades imediatas e idênticas.
Hannah Arendt[1]

---

1. ARENDT, H. *A condição humana*. 10. ed., 1. reimp. Rio de Janeiro: Forense Universitária, 2001, p. 38.

Sumário

Prefácio, 9
Parte I – Falar e escutar na sala de aula, 11
Introdução e contextualização da temática, 11
Exemplo de um planejamento diário baseado nos pressupostos apresentados, 40

Parte II – Descrição e análise de atividades práticas para aprender a falar e a escutar, 43
Atividades para descrever e explicar, 55
Atividades para dar e seguir instruções, 62
Atividades para jogar com a linguagem oral, 65
Outras intervenções possíveis durante a rotina escolar, 68

Alguns parâmetros de avaliação do trabalho docente pelo professor, 79
Concluindo, 87
Referências, 89
Índice, 93

Prefácio

É com grande satisfação e felicidade que apresentamos a obra de Suzana Schwartz, num momento em que há uma grande mudança em andamento nas políticas públicas e no rumo da educação no Brasil. Contribuições como esta são valiosas para a continuidade do debate sobre temas tão importantes quanto o ensino e a aprendizagem.

Escrever é trabalho árduo, equivalente ao do ourives. Escritos passam por processos de lapidação, reescritas, muitas vezes são cortados, aumentados, transformados, virados do avesso, amassados, condensados; porém, o texto brindado pela autora nos faz perceber o quanto são importantes, além dessas etapas, a escuta e a fala, em um primeiro momento de reflexão.

A obra teve origem na percepção – através do olhar e da descrição das observações participantes dos estagiários do Curso de Licenciatura, desde 2001 – da pouca oportunidade existente, em diferentes salas de aula, escolas, contextos, para o desenvolvimento de atividades planejadas para dar voz e vez aos alunos, aprimorando o ensino e a aprendizagem da fala e da escuta em diferentes situações e demandas da realidade.

Recolhendo trechos belíssimos do texto, alegamos que escutar o outro é um dos gestos humanos mais generosos e vai além da simples capacidade auditiva. O escrito tem a perspectiva de encorajar os educadores a refletirem criticamente sobre a importância do ensino e da aprendizagem do falar e do escutar, e sutilmente, colocando-se estrategicamente no lugar do outro.

Nesse contexto, Schwartz articula teoria e prática para subsidiar o leitor a trilhar seu pensamento e caminho na Educação Infantil e nos anos iniciais do Ensino Fundamental, perpassando pelo planejamento docente e objetivos, buscando sempre o detalhamento da estratégia didática do saber e do saber fazer.

Como complemento, o livro ainda nos abrilhanta com a descrição e análise de atividades práticas para ensinar e aprender a falar e a escutar.

Simplesmente uma leitura essencial para os dias de hoje; para nós, professores da educação básica. Do pampa gaúcho recomendo a leitura a todos os educadores deste Brasil. Avante sempre, falando e escutando mais!

Pampa Gaúcho, agosto de 2017.
Professor-doutor Mauricio Aires Vieira
Vice-reitor da Universidade Federal do Pampa

Parte I
Falar e escutar na sala de aula

INTRODUÇÃO E CONTEXTUALIZAÇÃO DA TEMÁTICA

Uma representação mental comum em relação à sala de aula é a de sujeitos sentados em fileiras, individuais ou em duplas, copiando, lendo em silêncio ou escutando o professor. Espaços que priorizem a interação, o diálogo, o debate de ideias, organizados de outro modo, não costumam perpassar o imaginário popular em relação à sala de aula. Em algumas mídias, como televisão e cinema, a sala de aula geralmente é caracterizada como a descrita no início deste texto, com alunos sentados em fileiras, em silêncio, olhando para o quadro, parecendo escutar o professor. Esse modo de "enxergar" as situações formais de ensino e de aprendizagem não parece indicar que a fala e a escuta sejam percebidas como conteúdos a serem aprendidos de maneira intencional, sistemática e metodológica.

Aprendizagens consideradas primordiais na escola são a leitura, a escrita, as operações matemáticas. No entanto, aprender a falar, a produzir, a elaborar e expor pensamentos, a argumentar sobre eles e a escutar os dos outros são estratégias necessárias para contribuir qualitativamente na viabilização de outras aprendizagens. Como tal, demandam planejamento de situações didáticas intencionais, voltadas para concretizar essas competências e habilidades.

Não é o que acontece na maioria das salas de aula da educação básica. Essa afirmação é baseada na análise metodológica de inúmeros relatórios de prática supervisionada (2001, 2002, 2003, 2011, 2012, 2013, 2014, 2015)[2]. Neles os alunos estagiários, dentre outras ações, observam e descrevem o contexto em que vão atuar, especialmente as aulas, atividades, intervenções do docente.

Na maioria dessas descrições, o espaço físico das salas de aula aparece com classes dispostas em fileiras, individuais ou em duplas, todas voltadas para o "quadro de giz", sinalizando implicitamente que a fala "importante" naquele espaço físico é a do professor. Essas informações não são novidade para quem trabalha com formação de professores. Mas são necessárias para contextualizar o ambiente e embasar o argumento de que é necessário sistematizar o ensino e a aprendizagem da fala e da escuta.

Também é importante esclarecer quais alunos pretendemos atingir para formar, pois as concepções de mundo, de sujeito, de ensino/aprendizagem, e de língua/linguagem estão relacionadas às estratégias didáticas e aos conteúdos que serão coerentemente selecionados.

Sobre esse tema, Colello e Lucas (2017) comentam que em pesquisas realizadas em escolas públicas e privadas no início do processo de escolarização perceberam que os mesmos professores, algumas vezes, traziam atividades significativas de língua escrita, que atendiam a objetivos de comunicação e com potencial para que os sujeitos produzissem pensamentos e hipóteses, mas, nos dias que se seguiam, propunham atividades mecânicas e repetitivas, embasadas em modelos empiristas de ensino. Tal comportamento indica a ausência de clareza de concepções teóricas e a consequente coerência com a prática docente. "A convivência entre diferentes concepções

---

2. Além dos relatórios de estágio, embasam essa afirmação outras pesquisas empíricas (SCHWARTZ, 2001, 2003, 2005, 2007).

de língua costuma gerar não apenas incertezas e inseguranças no planejamento das atividades, como também práticas incoerentes, que oscilam ao sabor de diferentes propósitos" (COLELLO, 2012).

Percebo que são papéis da escola: oportunizar a apropriação dos bens culturais da humanidade; inserção adequada na cultura escrita; produção de conhecimento científico. Para tal, depende, dentre outros fatores, da clareza de seus propósitos, das concepções que os embasam, da organização do ensino, da prática docente intencional e sistemática, visando ampliar experiências prévias com base em processos críticos reflexivos, práticas interativas, encaminhando para a resolução de problemas, criação e confronto de hipóteses (COLELLO; LUCAS, 2017).

Nesse sentido, acredito que aprender a elaborar perguntas precisa ser prioritário em detrimento de aprender a repetir ideias. O aluno que desejo contribuir para formar é um sujeito autônomo/dependente/aprendiz permanente, produtor de ideias e habilitado a selecionar informações que desejar/ necessitar para qualificar a vida e seguir aprendendo.

Percebo o mundo como complexo, incerto, contraditório, multidimensionável. A aprendizagem como sendo o objetivo da profissão-professor, que, através de um ensino que enfatize a produção de pensamento, oportuniza sua reconstrução e ressignificação, contribuindo para formar um sujeito crítico, reflexivo, habilitado a reaprender a aprender autonomamente, consciente de sua relação de dependência/autonomia (MORIN, 2000) em relação ao meio no qual está inserido.

Esclarecidas as minhas concepções, pressupostos e objetivos e voltando ao tema da não priorização do ensino e da aprendizagem da fala e da escuta, é importante dizer que isso não ocorre apenas no contexto educacional brasileiro. Para exemplificar, comento que, em 2011, uma pesquisa desenvolvida pelo Inee (Instituto Nacional para a Avaliação e a Educação)[3] no México, por Alvarado e Vernon, apontou indícios de que as ações docentes planejadas intencionalmente para contribuir no desenvolvimento linguístico dos alunos na Educação Infantil são limitadas. Como já foi comentado, pesquisas empíricas da realidade brasileira, com alunos em estágio supervisionado, também apontam para informações semelhantes.

Alvarado e Vernon (2011) ressalvam que a falta de estímulo linguístico planejado e intencional entre os 3 e 6 anos de idade – quando os alunos têm essa oportunidade e frequentam a Educação Infantil – pode gerar muitas consequências indesejáveis em aprendizagens ao longo da escolaridade. Algumas dessas consequências têm a ver com as dificuldades de pensar autonomamente, de elaborar perguntas, de tomar decisões e de solucionar problemas.

O ser humano pensa através de palavras. Vygotsky (1988) investigou as relações entre pensamento e linguagem, enfatizando a importância de compreender como um se articula com a outra, pois percebe que o pensamento verbal auxilia os sujeitos a organizarem e a compreenderem a realidade na qual estão inseridos.

Em sua trajetória, as pessoas interagem, buscando compreender-se e integrar-se no mundo. Não nascem integradas, mas integram-se processualmente. Nesse sentido, a linguagem é o meio pelo qual o ser humano se constitui sujeito, atribui significados aos eventos, aos objetos, aos seres, tornando-se, assim, ser interativo, histórico e cultural.

Com o objetivo de compreender as relações existentes entre pensamento e linguagem, Vygotsky (1988) analisou o desenvolvimento da criança. Concluiu que antes mesmo de dominar a linguagem oral, ela tem capacidade de resolver problemas práticos para atingir objetivos específicos. Percebeu que, enquanto a criança assimila a linguagem, compreende

---

3. Tradução livre.

formas mais complexas de relações entre os objetos do mundo exterior, elabora conclusões através de observações, organiza percepção e memória e conquista outras possibilidades do pensamento.

Mesmo sem dominar a linguagem como sistema simbólico, a criança utiliza manifestações verbais como o choro e o riso, que lhe servem como formas de contato social e comunicação. Geralmente, aos 2 anos o pensamento se articula com a linguagem e o cérebro passa a funcionar de modo diferente; a reflexão se torna verbal, mediada por conceitos estruturados como linguagem, sendo que no significado das palavras a linguagem e o pensamento se unem.

> O significado de uma palavra representa um amálgama tão estreito do pensamento e da linguagem, que fica difícil dizer se se trata de um fenômeno da fala ou de um fenômeno do pensamento. Uma palavra sem significado é um som vazio; o significado, portanto, é um critério da "palavra", seu componente indispensável. [...], mas [...] o significado de cada palavra é uma generalização ou um conceito. E como as generalizações e os conceitos são inegavelmente atos de pensamento, podemos considerar o significado como um fenômeno do pensamento (VYGOTSKY, 1988, p. 104).

Linguagem não depende necessariamente de sons. Há, por exemplo, a linguagem dos surdos e a leitura dos lábios, que também é interpretação dos movimentos. Na linguagem dos povos primitivos, os gestos tinham um papel importante, sendo usados juntamente com o som. Em princípio, a linguagem não depende da natureza do material em que se concretiza (VYGOTSKY, 1988).

Quanto à qualidade das interações, pesquisas identificaram: crianças que interagem com pessoas que se interessam pelo que elas dizem, que falam com elas sobre diferentes temas, mostram um nível de desenvolvimento mais avançado do que aquelas que não são escutadas ou com quem pouco se fala (ALVARADO; VERNON, 2011). Ferreiro e Teberosky também identificaram em sua pesquisa que "a criança reconstrói por si mesma a linguagem, tomando seletivamente a informação que lhe provê o meio" (FERREIRO; TEBEROSKY, 1985, p. 22).

Lybolt e Gottfred (2003), na descrição dos resultados da pesquisa, identificaram que crianças de 5 anos, cujos pais tinham o hábito de conversar e interagir com elas cotidianamente, teriam escutado 40 milhões de palavras a mais do que os filhos de pais que não tinham esse costume. Que a variedade do vocabulário utilizado, bem como a complexidade dos enunciados utilizados pelos pais que interagiam frequentemente com os filhos, encaminhavam para a qualificação de habilidades e competências como atenção, autonomia, e interação verbal.

Esses são argumentos que justificam a importância de que se planeje e sistematize ações para oportunizar o ensino e a aprendizagem da fala e da escuta ao longo da escolaridade. Como esse é um tema que tem sido pouco abordado pelos professores em suas práticas, bem como ao longo de sua formação, seria importante desencadear um debate continuado nesse sentido.

Nas escolas básicas americanas e europeias existe um outro tipo de abordagem ao tema. Parece haver o reconhecimento da importância de sistematizar ações intencionais para o ensino e a aprendizagem da fala e da escuta. É possível ver, inclusive através de filmes, que nos diferentes níveis de escolaridade são planejadas competições de oratória, debates entre escolas, diferentes tipos de atividades sistemáticas nas quais os alunos precisam se preparar, desenvolver estratégias para falar, para escutar, debater, argumentar. Nessas escolas também são oportunizadas a organização de atividades culturais específicas para o encerramento do ano, nas quais os alunos ensaiam semanalmente para uma apresentação teatral, musical ou de talentos.

Essa preocupação em sistematizar diversas situações nas quais são demandados diferentes usos da linguagem, de competências e de habilidades contribui para a formação integral do aluno no que tange aos aspectos específicos abordados neste livro, como também com relação a outros inerentes ao planejamento educacional.

A realidade mais frequente nas salas de aula na educação brasileira, da escolaridade básica até o ensino superior, é a de alunos que apresentam dificuldades de participação ativa, pouco falam (pelo menos sobre o tema em estudo), quase ninguém questiona o conteúdo e, quando o fazem, suas perguntas se restringem a: "Pode escrever com lápis?" "Quantas linhas precisa ter?" "Pode entregar escrito a mão ou preciso digitar?" (SILVA, 2001). E aquela pergunta que quase sempre surge e explicita o tipo de motivação que move o aluno: "Vale nota?"

Questões como essas indicam que os sujeitos, quando se autorizam a perguntar, elaboram questões referentes à forma, e não ao conteúdo a ser aprendido. Suas prioridades são equivocadas, não tendo percepção da necessidade de participação ativa nas situações propostas na sala de aula. E, algumas vezes, nem o professor tem a percepção disso, ministrando aulas expositivas e "cobrando" a repetição do conteúdo "dado" em avaliações. Comportamentos como esses, de ambos os lados, encaminham para uma provável ausência de situações que indicam a priorização da fala e a escuta ao longo da escolaridade.

Tais atitudes vão de encontro ao que já demonstrou o conhecimento cientificamente construído sobre como se ensina e como se aprende. Elas se opõem às teorias desenvolvidas sobre a aprendizagem e a inteligência humana elaboradas por Piaget, Vygotsky, Wallon, Freire, Morin, dentre outros, que apontam para a necessidade de interação, contextualização, socialização, produção e reconstrução das aprendizagens para que estas sejam efetivas.

A desconsideração da fala e da escuta no cotidiano das salas de aula, em todos os níveis da educação brasileira, mostra que se nossos discursos pedagógicos há muito fazem uso dos conceitos "interação, socialização, produção, reconstrução", na prática, no dia a dia, muitos ainda não percebem, não refletem em ações concretas, no planejamento cotidiano das aulas, o fato de que reconhecemos que se aprende com o outro no diálogo, na fala, na escuta, elaborando e resolvendo problemas de modo a aprender e a saber mobilizar o conhecimento adequado para a situação demandada: "saber e saber fazer em situação" (PERRENOUD, 1999).

É possível perceber, em diferentes contextos escolares, que muitos alunos chegam (e muitas vezes permanecem e concluem a escolaridade) com dificuldades e/ou medo/receio/vergonha de participar ativamente nas aulas, elaborar questionamentos, socializar trabalhos, sistematizar pensamentos, além de outras dificuldades inerentes à leitura e à escrita.

No ensino superior acontece com frequência, em "apresentações" de trabalhos, assistir-se à leitura de *slides* com cópias literais dos textos "estudados", os quais boa parte dos alunos lê com pouca fluência e o restante da aula nem escuta. Mesmo que recebam orientações para desenvolverem as tarefas de modo diferente do descrito, essas orientações parecem que não conseguem ser "escutadas", pois sobre elas não se promove e nem promoveu reflexão crítica: Para que servem apresentações feitas dessa forma? Quem aprende com elas? O que aprendem?

Situações como essa, bem como outros comportamentos cristalizados ao longo da escolaridade (MEIRIEU, 2005), também podem ser consideradas consequência da não preocupação em sistematizar atividades de fala e de escuta desde a Educação Infantil, contribuindo para a formação de um sujeito passivo que "escuta" e cumpre tarefas, sem pensar sobre seus objetivos de aprendizagem. Essas são competências que precisam ser ensinadas sistematicamente, aprendidas e aprimoradas ao longo da escolaridade.

Escutar o outro é um dos gestos humanos mais generosos, pois, muitas vezes, o que acontece é que "ouvimos" o que queremos, podemos ou (re)conhecemos (FREIRE, M., 1998). Sobre o tema, Paulo Freire, no livro *Pedagogia da autonomia: saberes necessários à prática educativa*, dedicou um capítulo a "ensinar exige saber escutar" (p. 127). Como pensador sistemático e reflexivo da educação, ele reconhece essa como uma das mais importantes competências para o ensino e para a aprendizagem. Assim, explicita que

> escutar é algo que vai além da capacidade auditiva de cada um. Escutar, no sentido aqui discutido, significa a disponibilidade permanente por parte do sujeito que escuta para a abertura à fala do outro, ao gesto do outro, às diferenças do outro. Isso não quer dizer que escutar exija de quem escuta sua redução ao outro que fala. Isto não seria escuta, mas autoanulação. A verdadeira escuta não diminui em mim, em nada, a capacidade de exercer o direito de discordar, de me opor, me posicionar (1998, p. 135).

Demo (2004) vai ao encontro de Freire (1998) quando afirma que "educar é exercer influência sobre o aluno de tal modo que ele não se deixa influenciar", considerando a escuta da autoridade do argumento e não a do argumento da autoridade.

Nesse sentido, Ostetto (2008) complementa que "a demanda de olhar e ouvir a criança, de observar os diferentes alunos com quem se trabalha tem se convertido em 'princípio educativo'". No entanto, é preciso enfatizar a necessidade "de aprender a olhar, escutar, dialogar com o aluno real e concreto na sala de aula" (p. 129). Não raro, o professor tem dificuldades de enxergar e/ou ouvir o aluno para além de expectativas elaboradas na ótica dos manuais e de suas vivências pessoais como estudante.

A pedagogia, percebida como uma "teoria prática", se estabelece através da linguagem e da fala. "Em suma, a teoria e a prática pedagógicas são efeitos da linguagem e da fala. A primeira se revela como um discurso estruturado e a segunda como discurso em estruturação" (MRECH, 2002, p. 4). Essa estruturação a que a autora se refere demanda competências linguísticas específicas que podem ou não ser reconstruídas, aprofundadas ao longo da escolaridade.

No entanto, vale ressaltar que, ao não perceber a necessidade do ensino e da aprendizagem da fala e da escuta, priorizando outros "conteúdos", os professores deixam de contribuir para instrumentalizar o aluno com ferramentas qualitativas para reaprender a aprender autonomamente. Já afirma o ditado popular: "Quem tem boca vai a Roma"! Porém, não é "qualquer" boca que leva a Roma... Desde a Grécia clássica se estuda o poder da palavra, a possibilidade de influir no ânimo e na opinião dos demais através da fala (CASTELLÓ BADIA, 2001).

Nessa direção se encaminha este livro. Objetiva incentivar professores e gestores a repensarem a importância de inserção no planejamento didático e nos documentos legais, da necessidade do ensino e da aprendizagem sistemática e intencional da fala e da escuta ao longo da escolaridade. Para tal, articula teoria e prática, a fim de ser coerente com a ideia de que "não é falando aos outros, de cima para baixo, sobretudo como se fôssemos portadores da verdade, que aprendemos a escutar, mas é *escutando* que *aprendemos a falar* com eles" (FREIRE, 1998, p. 127). Assim, além dos argumentos que já utilizei, para justificar a priorização do planejamento de situações interativas de fala e de escuta na escola, sugiro e trago relatos de como é possível fazê-lo.

O livro também pretende oportunizar ao leitor uma reflexão crítica que lhe instrumentalize para ressignificar os sentidos e os significados de planejar situações de aprendizagens que qualifiquem as competências de falar e de escutar de seus alunos. O tom de diálogo que o livro procura manter busca ir ao encontro desta ideia freireana: "o que jamais faz quem aprende a escutar é falar *impositivamente* [...], mesmo quando fala contra [...] concepções do outro, fala com ele como sujeito da escuta de sua fala crítica, e não como objeto do seu discurso" (FREIRE, 1998, p. 128).

Com base nas ideias apresentadas, as atividades práticas descritas neste livro enfocam especialmente a Educação Infantil e os anos iniciais do Ensino Fundamental, sugerindo maneiras de desencadear ações docentes em direção ao ensino e à aprendizagem dessas competências linguísticas e comunicacionais nesses níveis de ensino.

A escolha de direcionar a parte prática desta obra às crianças em seus primeiros anos de escolarização se deve à convicção de que, iniciada essa sistematização na Educação Infantil, os alunos que a vivenciarem chegarão mais preparados ao próximo nível de escolaridade, e mesmo que se deparem com professores que não trabalhem priorizando essas aprendizagens, estarão mais habilitados a questionar essa prática, em lugar de se submeterem passivamente a ela.

A Educação Infantil, durante muito tempo, foi considerada como espaço apenas de cuidados e socialização ou como etapa "preparatória" que, apesar de objetivos diferentes, se caracterizaria como uma fase anterior à escolarização propriamente dita, sem compromisso mais específico com a produção e a circulação de conhecimento (GARCIA, 1993). Com base nessa concepção, foi denominada "pré-escola".

A clareza do papel social da Educação Infantil é dependente/autônoma[4] (MORIN, 2000) das concepções de sujeito, mundo, ensino, aprendizagem. A Educação Infantil não é **pré**-escola; é **escola**. E é escola porque tem, dentre outras características próprias de escola, a função social de reconstruir e produzir conhecimento, objetivos educacionais específicos,

---

4. Princípio da dependência/autonomia, pois os seres humanos têm necessidade de retirar energia, informação e organização de seu meio ambiente, sendo sua autonomia inseparável dessa dependência.

intencionalidade; professores, alunos, diretores e coordenadores que têm papéis definidos a serem desempenhados.

O conhecimento cientificamente construído sobre como os sujeitos aprendem encaminha para a ideia de que todos podem aprender desde que nascem. Portanto, uma instituição que se diz educativa, que recebe crianças de 0 a 5 anos, precisa ser um lugar de aprendizagens, e não apenas de guarda e/ou assistência, visando apenas ao desenvolvimento biológico e social, através de atividades denominadas "lúdicas" (GEEMPA, 1986).

O uso do termo lúdico é bastante frequente quando se comenta sobre o ensino e a aprendizagem na Educação Infantil. Muitos educadores se referem à necessidade de "oportunizar o lúdico nas aprendizagens".

Lúdicas, de acordo com Luckesi (2000), são as atividades que propiciam uma experiência de plenitude, nas quais nos envolvemos com interesse e atenção.

Fortuna (2001) contribui esclarecendo que, numa sala de aula ludicamente inspirada, convive-se com a aleatoriedade, com o imponderável; o professor renuncia à centralização, reconhece a importância de que o aluno tenha atitude ativa nas situações de ensino e de aprendizagem.

Nesse sentido, concordo com Tonucci (1974) quando afirma que a escola precisa reivindicar como seu papel ser um "momento cultural" (p. 6). Isso significa ir de encontro ao ativismo ingênuo, "que faz com que se realizem na escola a repetição de vivências exteriores" (p. 6). A escola necessita oportunizar momentos de análise da realidade, "não para refazê-la nem para copiá-la, mas para analisá-la criticamente e compreendê-la com a ambição de modificá-la" (p. 6), se necessário for.

Esclarecidas as concepções e os pressupostos que norteiam a presente obra, passo a comentar sobre a elaboração do planejamento docente que pretende ensinar e aprender a falar e a escutar.

O planejamento docente

Um planejamento didático precisa partir de cinco questionamentos básicos: O quê, Para quem, Para quê, Por quê e Como? (SCHWARTZ, 2010). No entanto, em diferentes pesquisas realizadas (2001, 2003, 2005, 2007), foi possível perceber que a maioria dos professores se preocupa apenas com o primeiro e o último questionamentos superficialmente, não considerando a necessidade de atender aos outros três.

Para se chegar a algum lugar é necessário saber para onde se quer ir, sob pena de ficar andando em círculos no mesmo lugar ou se equivocar de direção. Coerentemente com essa ideia, se o professor não souber "para quê" (ou qual aprendizagem pretende que o aluno construa com a atividade que planejou), terá grandes chances de se equivocar nas intervenções que fizer ou estratégias que utilizar. Para elaborar objetivos de aprendizagem precisamos considerar três características, ou seja, eles devem ser concretos, realizáveis e avaliáveis.

Para que os objetivos sejam concretos, a escolha de palavras para descrevê-los não deve oportunizar múltiplas interpretações ou tentar minimizar que isso aconteça. Verbos como identificar, descrever, analisar (criticamente), aplicar (no contexto...) são considerados bastante concretos. Outros como promover a reflexão, compreender, explicar podem, geralmente, ser interpretados de maneiras diversas.

Utilizar no planejamento objetivos que iniciam com os verbos incentivar, motivar, desenvolver, incrementar, desencadear, dentre outros, torna muito difícil e/ou subjetiva a avaliação do seu alcance. Nesse sentido, também é importante que o "Para quê" do planejamento se direcione a metas concretas e, principalmente, avaliáveis processualmente.

Para afirmar se um objetivo é realizável, precisamos analisar algumas variáveis como o tempo e o público-alvo. No caso da sala de aula, o tempo de interação com os sujeitos e os seus conhecimentos prévios são fatores determinantes para a definição dos objetivos.

Muitos professores, de diferentes modalidades de ensino, afirmam que para elaborar o planejamento organizam a lista de conteúdos fornecidos pela escola ou se baseiam na experiência empírica desenvolvida ao longo do tempo em sala de aula. Questionados sobre a principal qualidade para ser um "bom professor", a maioria deles responde o "domínio de conteúdo".

Esse tipo de resposta nos direciona para concepções tradicionais de ensino e de aprendizagem. Segundo elas, para aprender, os alunos precisam ser aptos a copiar, repetir e memorizar conhecimento pronto e acabado, fornecido pelo docente, que "domina" o conteúdo que quer ensinar, não havendo, assim, a demanda de falarem e ouvirem uns aos outros.

No caso da Educação Infantil, os professores percebem a importância de contribuir para a aprendizagem da fala. Porém, depois que a criança aprende a falar e/ou se comunicar, o objetivo é considerado alcançado. Claro que não é possível generalizar, existem exceções; mas em diversas investigações realizadas – observações participantes em sala de aula da Educação Infantil e do Ensino Fundamental – o que vimos foi a aparente ausência de planejamento de situações didáticas que demandariam atitudes ativas dos alunos, especialmente em relação à qualificação de sua fala.

Em situações de leitura de histórias na Educação Infantil, por exemplo, os questionamentos dos professores observados encaminhavam ou para respostas grupais do tipo "Quem gostou da história levanta o dedo", ou para respostas monossilábicas, como no caso de indagar de qual personagem mais gostaram. Em ambas as situações, todos gritavam juntos o nome do personagem...

Esses dois tipos de situação são muito comuns nos relatos das observações feitas. Não são equivocados, mas poderiam ser melhor explorados se houvesse clareza dos objetivos.

Então, é importante que se pense o "Para quê" oportunizar o desenvolvimento da linguagem oral e o "Como" poderíamos fazer isso. Como já foi comentado, um planejamento didático necessita atender a cinco questionamentos: 1) O que vou fazer? (Que conteúdo?) 2) Para quem? (O que sabem os alunos sobre o tema? Qual o seu conhecimento prévio?) 3) Para quê? (Que aprendizagens específicas quero oportunizar?) 4) Por quê? (Por que essas aprendizagens são importantes para esses alunos?) 5) Como? (Detalhamento das estratégias didáticas) (SCHWARTZ, 2010).

Para exemplificar uma outra situação didática frequente na Educação Infantil vou descrever uma cena observada:

A professora, antes de ler uma história sobre um gato, questiona os alunos. "Qual o animal que vocês mais gostam?" Os alunos gritam ao mesmo tempo: "Gato, cachorro, papagaio, tartaruga..." "Ótimo", diz a professora. A seguir, lê a história. Quando acaba, solicita que os alunos façam um desenho sobre o que mais gostaram. Elogia muito os desenhos e pendura no varal da sala de aula.

Convido os leitores para analisarmos juntos essa situação e pontuarmos alguns aspectos sobre a aprendizagem da fala e da escuta que poderiam ter sido melhor explorados. Antes de perguntar sobre o animal que as crianças mais gostam, a professora poderia relembrar a turma da combinação de que, enquanto um colega fala, o outro escuta, e que, quem quiser falar, precisa levantar o dedo e esperar que a professora chame. Assim, depois que o primeiro aluno falar que gosta de gato, por exemplo, a professora poderia perguntar o porquê dessa preferência. E assim sucessivamente. Cada um falaria na sua vez, esperando o outro terminar (e, quando não acontecesse assim, a professora retomaria essa combinação).

Depois, utilizando as falas dos alunos, ela poderia fazer uma síntese do que foi falado pelas crianças, dizendo, por exemplo, que nem todos preferem o mesmo animal, que tantos alunos gostam de cachorro e tantos de gato. Quantos somos? Pedir para as crianças contarem os alunos, perguntar qual foi a resposta que a maioria deu etc. Claro, dependendo das características e principalmente dos conhecimentos prévios dos alunos. Se forem muito pequenos, ela mesma pode contar em voz alta; nomeando quem disse cão, quem disse gato... Ou seja, explorar mais situações corriqueiras e torná-las mais interativas, visando que os alunos aprendam que suas falas são valorizadas naquele espaço, dentre outras aprendizagens.

A seguir, ela poderia fazer uma "propaganda" da história que vai ler, comentando e despertando a curiosidade deles para "o que será que vai acontecer com o animal da história: "Será que vai acontecer o mesmo o que o Fulano imaginou?" "Observem a capa: Ela nos dá alguma dica?" "Por que acham isso?" E, finalmente, após contar a história, poderia promover outra situação interativa, potencializando o diálogo, questionando "O que acharam da história; do seu início, do final; por quê". "Mudariam alguma coisa na história?" "Se no final acontecesse outra coisa, seria melhor ou pior?" "Por quê?" "Foi justo o que aconteceu com o personagem?"

Essas são estratégias que encaminham para a produção de pensamento autônomo, a expressão desse pensamento, a argumentação, a escuta, a respeitar combinados, a conceitos como início, final, dentre outras aprendizagens. E, se repetidas ao longo do ano, contribuem para o seu refinamento e qualificação.

No entanto, essas práticas pedagógicas, em que se dá mais ênfase ao diálogo, parecem não ser tão cotidianas como precisariam. Uma das hipóteses para a ausência de sistematização de estratégias didáticas para promover o desenvolvimento da linguagem na Educação Infantil é a ideia de que falar, ouvir e entender o que os outros dizem parece ser algo que se aprende "naturalmente".

Reforça essa ideia o fato de que a grande maioria das crianças aprende a falar. Os pais ou responsáveis são os primeiros a estimulá-las para que falem e escutem. Assim, considera-se o domínio dessas habilidades como algo "natural" que se desenvolverá simplesmente pela convivência com falantes e ouvintes, sem necessidade de sistematização didática.

Entretanto, **a qualidade da interação e do uso** da linguagem nos anos iniciais da vida do sujeito é, de acordo com Vellutino (2003), um diferencial para o sucesso ao longo da escolaridade. A convivência com a escuta e a análise crítica de histórias infantis, contos de fadas, parlendas, poesias, propagandas, textos informativos, bilhetes e receitas constituem o "cimento da compreensão leitora eficiente" (p. 48).

Então, é importante que se especifique:

a) Qual o tipo de fala e escuta que estamos nos referindo neste livro: a que não se aprende naturalmente[5];

b) Para que é necessário oportunizar o desenvolvimento dessa linguagem oral; e

c) Como poderíamos fazer isso de modo intencional e planejado didaticamente.

Na sequência vamos nos ocupar do "Para quê" planejar estratégias didáticas que priorizem a aprendizagem da fala e da escuta.

Para que planejar estratégias didáticas que priorizem a fala e a escuta?

De uma maneira geral as pessoas aprendem a linguagem que lhes é oportunizada, aquela na qual são inseridas, por relação de pertencimento, ao nascer. Aprendem a articular palavras e as utilizam para interagir e aprender com as pessoas

---

5. De acordo com Madalena Freire (2007, p. 2) "aprender não é espontâneo, nem natural. Em certo sentido, aprender dói, pois se dá no trabalho com a ignorância. É um confronto com a falta, com o limite, com o desejo".

que as cercam. Quando convivem com falantes de um mesmo tipo de linguagem, elas desenvolvem modos de interagir com a realidade vivenciada, em consonância com as práticas linguísticas do seu entorno, e apenas a elas. As situações cotidianas são muito parecidas, e os usos sociais da linguagem, muitas vezes, restritos, repetitivos.

Antes de ingressar na Educação Infantil as crianças geralmente já conseguem se comunicar para atender aos seus desejos e necessidades básicas, mesmo que seja através do choro e/ou gritos. Pedem coisas, conseguem que as pessoas realizem seus desejos, expressam interesses, preferências, solicitam explicações. Além disso, conhecem e utilizam, a partir de certa idade, palavras relacionadas a objetos que fazem parte do seu dia a dia. Essas aprendizagens parecem acontecer de modo "natural".

Contribuindo para essas ideias, Toro (2015) informa que uma criança que vive em uma zona urbana geralmente chega à escola conhecendo entre 3 mil e 4 mil palavras distintas. No entanto, crianças de áreas rurais podem chegar sabendo apenas entre 300 e 400 palavras. A diferença da linguagem utilizada no contexto interativo em que a criança vive direciona sua necessidade/oportunidade de aprender mais ou menos palavras.

Esse conhecimento da diversidade linguística dos alunos precisa ser considerado no planejamento docente. Estratégias para que as crianças possam interagir explicitando o que sabem são muito didáticas e precisam ser desenvolvidas. Afinal, não se trata de "ocupar" as crianças, distraí-las, ou mantê-las seguras... A Educação Infantil tem conteúdos (SCHWARTZ, 2016) e precisa considerá-los no planejamento docente.

Tonucci (1974) afirma que "desde o nascimento a criança conhece o mundo que a rodeia, o conhece todo e da maneira adequada, isto é, funcional, com relação as suas exigências" (p. 29). Inicialmente conhecerá a si mesma, suas mãos, pés, objetos que estão no berço, os rostos que se inclinam para ela e que são ligados à satisfação de suas necessidades. O autor destaca, porém, a relevância educativa de se atentar para o método exploratório utilizado pela criança que recorre a estratégias que têm "a correção de um pesquisador" (p. 30). Demonstra curiosidade por novidades, elabora hipóteses sobre a sua serventia, e, caso o objeto seja definido como "doce, agradável", volta a procurá-lo; se for "amargo e desagradável", no entanto, vai afastar-se quando se deparar novamente com ele.

> Essa capacidade de conhecer, ou seja, de responder aos problemas que apresentam as coisas conhecidas, dá à criança uma grande confiança em si mesma. Os educadores não costumam atribuir importância a esse fator, mas ele condiciona todo o processo educativo. A criança se inclinará a crescer no conhecimento se perceber que sabe conhecer. Ao contrário, adotará atitudes de renúncia, esperará que alguém lhe "ensine", se algo a tiver feito acreditar que não sabe conhecer (TONUCCI, 1974, p. 30).

A criança expressa seu conhecimento através de suas linguagens. A seguir refletiremos sobre os aspectos da linguagem oral que deveriam ser priorizados, e, assim, serem incluídos no planejamento.

Quais aspectos da linguagem oral devem ser abordados na Educação Infantil e ao longo da escolaridade?

A linguagem oral oportuniza a interação entre sujeitos, o que geralmente é importante fonte de aprendizagem. Ela é ferramenta para a classificação de objetos e pessoas, para o estabelecimento de relações entre eles, para o entendimento do funcionamento das coisas. Impulsiona o diálogo, a solução de problemas, o planejamento, a investigação e o questionamento. É também um instrumento para a socialização, para a expressão de sentimentos e sensações, para trabalhar e para se divertir. Além disso, contribui na construção da sensação de pertencimento a uma comunidade e a uma cultura, na mediação dos processos de apropriação das crenças, dos valores, dos costumes, das características, dos saberes e do conhecimento comum de seu grupo.

A importância do desenvolvimento da linguagem oral já vem sendo referenciada em alguns documentos e materiais de orientação ao docente. Os Referenciais Curriculares Nacionais para a Educação Infantil (BRASIL, 1998), por exemplo, apresentam a linguagem oral como parte da constituição do sujeito, servindo para a comunicação e a expressão, para orientar ações e para o desenvolvimento e a organização do pensamento.

No entanto, conforme já foi comentado, mesmo que os grupos humanos interajam através da linguagem, não o fazem da mesma forma. Alguns favorecem mais, outros menos, o desenvolvimento linguístico. Há comunidades ou famílias em que se fala pouco com as crianças e nas quais se espera delas um comportamento passivo e não questionador.

O professor da Educação Infantil, que percebe essa realidade e a importância de sistematizar ações intencionalmente planejadas para oportunizar falas e escutas diferentes das do contexto familiar de seus alunos, organiza as estratégias didáticas de modo a potencializar a interação com pessoas diferentes. Situações de escuta de contação de histórias podem contribuir para que o aluno amplie sua percepção/compreensão do mundo, seus significados, seu vocabulário, suas estratégias de interação, dentre outras aprendizagens.

Objetivando contribuir para a reflexão e a escolha dos aspectos da linguagem oral a serem selecionados, a fim de planejar intervenções didático-pedagógicas que oportunizem a ampliação das competências comunicativas das crianças, listo alguns objetivos comumente utilizados em documentos para a Educação Infantil:

1) aprender sobre diferentes objetos e suas características;

2) relacionar duas ou mais informações sobre um mesmo tema;
3) aprofundar sua compreensão sobre as relações entre causas e consequências;
4) elaborar classificações simples;
5) aprender a ordenar (seriação) e a inferir a relação de ordem entre dois objetos;
6) aprofundar conhecimentos sobre a escrita e a leitura (o que são, para que servem, como se usa);
7) construir o conceito de número e de contar;
8) aprofundar conceitos de medida;
9) aprender a resolver problemas simples que envolvam operações matemáticas (cálculo mental).

Considerando esses objetivos como eixos norteadores de uma proposta para a Educação Infantil, seria interessante refletir criticamente sobre quais aspectos da linguagem oral estão relacionados com eles.

A representação social que permeia o comportamento/atitude do aluno na escola, de modo geral, encaminha para a ideia de "bom comportamento". Nessa ideia está incluída a atitude de "ouvir em silêncio e de prestar atenção". Ser capaz de escutar atentamente é importante aprender na escola. Porém, estar em silêncio não é sinônimo de estar ouvindo atentamente e nem de estar aprendendo.

Além disso, na escola e na vida é necessário saber falar fluentemente e de forma apropriada em cada situação vivenciada. Por isso, é importante que desde a Educação Infantil o sujeito desenvolva as habilidades de escutar com atenção e de falar de modo articulado e com fluência, considerando as diferentes situações sociais e comunicativas.

Sendo assim, listo a seguir alguns aspectos da linguagem oral que precisam ser trabalhados nessa etapa da escolaridade, explicando brevemente a que se referem, e algumas sugestões de alternativas de como trabalhar em busca deles.

Aspectos	O quê	Como
Desenvolvimento fonológico	Diferenciar e produzir sons da língua.	• Jogar com a linguagem para analisar os sons. • Identificar palavras que comecem ou terminem com o mesmo som. • Identificar rimas. • Produzir rimas.
Desenvolvimento semântico	Conhecer o significado das palavras.	• Vivenciar a variedade de assuntos. • Ouvir e refletir sobre diferentes tipos de texto. • Interagir em situações sociais diversas.
Desenvolvimento sintático ou gramatical	Combinar palavras, avançando em direção a estruturas de fala mais complexas.	Vivenciar situações que demandem: • falar; • explicar; • argumentar sobre o que foi dito.
Desenvolvimento pragmático	Utilizar a linguagem social e culturalmente aceita, em diferentes situações.	Experienciar situações que demandem: • perguntar; • pedir coisas; • dar e seguir instruções; • explicar, contar histórias; • iniciar e continuar conversas; • convencer alguém; • reconhecer quando um assunto não é adequado para determinado grupo; • como dirigir-se a diferentes tipos de pessoas; • quando deve falar e quando não, esperar sua vez.

As crianças necessitam aprender a adaptar a sua linguagem a diferentes contextos. Outras maneiras de construir essas habilidades se referem a:

1) Registro da fala – promover situações em que:

a) simulem/realizem e reflitam sobre o modo como falam com diferentes pessoas (adultos conhecidos, desconhecidos, professores, diretores, médicos, colegas, amigos etc.) e os motivos da necessidade dessas diferenças;

b) falem com objetivos diferentes (narrar, perguntar, informar, convencer, explicar, pedir etc.);

c) dramatizem diferentes papéis e construam algum diálogo com outra pessoa relacionada ao papel adotado, o que implica pensar como agiria no lugar do outro (empatia); por exemplo: a criança como um adulto, como o irmão maior ou menor, como o pai ou a mãe, como médico etc.

Esses diferentes tipos de situações demandam que a criança perceba a necessidade de utilizar um tipo de linguagem adequada a cada uma. Enquanto tenta expressar ideias e sentimentos mais complexos, procurando entender e ser compreendida, testando hipóteses elaboradas em contextos específicos, a criança vai modificando e qualificando a sua maneira de falar e ouvir para atender às demandas e expectativas sociais.

Há diferentes práticas sociais em torno do uso da linguagem oral. Apresento um quadro que inclui uma variedade de situações comunicativas frequentes.

Práticas sociais de linguagem	Alguns objetivos	Algumas aprendizagens
Dialogar	Conhecer pessoas, planejar ações, buscar consenso, pedir informações.	• Escutar
Escutar e acompanhar narrações	Relatar vivências cotidianas, histórias infantis, notícias, filmes.	• Esperar sua vez
Narrar	Compartilhar fatos, ideias e impressões.	• Organizar e ordenar sequências de fatos
Seguir instruções	Aprender as regras de um jogo, fazer funcionar algum aparelho.	• Elaborar ideias
Dar instruções ou informações	Selecionar, organizar e ordenar o pensamento e a fala de acordo com a demanda da instrução ou informação.	• Observar o tom de voz e os gestos do outro, para identificar intenções e humor
Brincar com a linguagem	Identificar e elaborar rimas, trava-línguas, parlendas, adivinhações.	• Ceder
Fazer apresentações	Compartilhar trabalhos, produções, ideias.	• .....

Para promover o desenvolvimento das competências comunicativas na escola também é necessário considerar aspectos referentes ao espaço físico, ao clima motivacional propício para o ensino e a aprendizagem[6] e ao planejamento adequado das atividades, o que demanda o diagnóstico do conhecimento prévio do grupo, a explicitação do que se pretende ensinar e aprender: **Para quê, Como** e **Quando**.

Essas demandas se justificam porque os processos de ensino e de aprendizagem se estruturam e se articulam na interação dinâmica entre os sujeitos, as atividades propostas pelo professor e o contexto no qual estão inseridos.

Outros aspectos também podem contribuir para o desenvolvimento das competências comunicativas. Dentre alguns deles, sugiro considerar:

1) estabelecimento de "rotinas não rotineiras"[7] fixas de organização do tempo escolar;

2) anúncio/explicitação/retomada diária das rotinas e a construção de contratos com os alunos sobre os procedimentos e atitudes para a realização das propostas didáticas;

3) planejamento e desenvolvimento de estratégias para despertar a curiosidade e manter o interesse do grupo;

---

6. Clima construído pela conquista da confiança dos alunos, do respeito e da colaboração coerente entre o discurso e a ação, no qual os sujeitos participantes sentem-se pertencentes àquele espaço de interação, tendo suas hipóteses incompletas acolhidas, valorizadas e reelaboradas, quando necessário (SCHWARTZ, 2010).

7. O conceito "rotina não rotineira" é de Madalena Freire (2006), que explica: *não* é expressão de algo que se arrasta tediosamente. Essa seria a expressão pura de rotina, de muita repetição, pouca variação, homogênea, autoritária. "Rotina não rotineira" é entendida como a cadência sequenciada de atividades que se desenvolvem com características próprias em cada grupo.

4) definição de atitudes para o estabelecimento do clima de confiança, olhando os alunos nos olhos, explicitando que errar faz parte dos processos de ensino e de aprendizagem, estimulando a participação de todos;

5) contribuição para que os alunos aprendam a escutar mutuamente, organizando as falas, recuperando frases ou ideias para estabelecer parâmetros de conversa;

6) planejamento e organização, com antecipação, dos materiais necessários para as atividades;

7) oportunidade para que todos participem e sensibilidade para perceber quando alguém não quiser fazê-lo;

8) planejamento de diferentes momentos para promover o diálogo com toda a turma – em pequenos grupos, em duplas –, de modo que as crianças possam participar de diferentes situações interativas com objetivos diversos;

9) clareza dos enunciados, pois são eles que contribuem para condicionar o êxito das aprendizagens propostas (MEIRIEU, 2005);

10) explicitação das atitudes dos alunos necessárias para cada atividade (MEIRIEU, 2005).

Uma vez que o clima propício para o ensino e a aprendizagem esteja estabelecido, que as atividades propostas sejam debatidas e/ou acolhidas, oportunizando que o grupo perceba e valorize a importância da participação e da contribuição de todos, podemos pensar em alguns tipos de intervenção que podem ser realizadas com o objetivo de contribuir para os avanços na aprendizagem da fala e da escuta.

Alternativas estratégicas de intervenção didática

Diariamente o professor interage com os alunos em situações cotidianas de comunicação, questionando como foi o dia anterior, o que fizeram no final de semana, como estão se sentindo, entre outras. É importante que o professor perceba que o aproveitamento dessas falas com o objetivo de qualificar as competências comunicativas orais das crianças é uma boa estratégia de ensino e de aprendizagem que se operacionaliza através da realização intencional de algumas intervenções. Cito algumas no quadro a seguir.

Tipos de intervenção	Descrição/explicação
Exemplificar	• O professor utiliza a linguagem que gostaria que os alunos usassem. Por exemplo: após um relato de um aluno o professor retoma o que foi dito, "corrigindo" na sua fala palavras ou expressões que foram usadas inadequadamente. • Contribui para que os alunos relacionem novos temas aos conhecimentos prévios já diagnosticados e trabalhados. • Oportuniza a explicitação de diferenças e semelhanças (entre coisas, situações, pessoas). • Aproveita a leitura de textos em voz alta e explicita relações de causa-efeito. • Ler em voz alta é muito produtivo para exemplificar uma linguagem mais elaborada do que a que se utiliza no dia a dia.
Comentar	• O que vê ou o que está fazendo. Por exemplo: "Estou vendo que todos estão presentes na aula hoje". • Sobre coisas que fez, sobre o que está vestindo, sobre os pensamentos que está elaborando... Essas ações oportunizam que as crianças escutem vocabulário e linguagem em um contexto de situação real. – Uma atividade enquanto a realizam (ou já realizada), resumindo o processo, comentando as aprendizagens etc.

Tipos de intervenção	Descrição/explicação
Ampliar	• O professor retoma algo que foi dito e amplia. Por exemplo: se o aluno diz "amarelo", ele pode dizer: "Queres a cor amarela?" Essa é uma maneira de ampliar a linguagem de modo mais complexo e de incentivar o aluno a seguir comentando.
Fazer perguntas abertas	• O professor necessita elaborar perguntas amplas que demandem a participação das crianças e estimulem que elas também façam outros questionamentos mais específicos, não do tipo que demandem respostas como "sim" ou "não".
	• As perguntas podem servir para desencadear uma conversa sobre um tema ou estar relacionadas ao uso de materiais diversos que estabeleçam problemas a serem resolvidos, incentivando os alunos a pensar, elaborar hipóteses, comentá-las, discuti-las, argumentá-las.
	• Considerar que, ao utilizar perguntas abertas, a intenção principal é oportunizar o diálogo entre todos, e não apenas entre o professor e um aluno de cada vez, como costuma ocorrer. Exemplos: "Como fizeste isso?" "De onde saiu a ideia de fazer assim?" "Alguém sugere outra maneira de fazer isso?" "Por que...?" Importante: convidar várias crianças a participar; evitar perguntas superficiais e repetitivas; dar tempo para que os alunos pensem nas respostas; perceber a necessidade de oferecer pistas para a solução; incentivar para que ouçam uns aos outros e retomar as ideias já sistematizadas.
Fazer e solicitar esclarecimentos	• Questionar, quando perceber a necessidade, ao longo dos diálogos ou atividades, se entenderam o que é preciso fazer ou o que o colega disse.
	• Solicitar que as crianças questionem sempre que não entenderem algo; valorizar os questionamentos; atendê-los, e quando não for possível, explicar o motivo.

Provocar pensamentos com "pistas"	• Quando um aluno está relatando algo e fica "sem palavras", relembrar, fornecer informações adicionais, provocando pensamentos direcionados para que encontre a palavra que está "faltando".
Elaborar previsões, inferências	• Fazer previsões ou solicitar que as crianças as façam sobre o que pensam que vai acontecer em uma história, ou sobre a próxima atividade que farão.

Outro aspecto a ser considerado para a realização das intervenções é o modo de organizar a turma no espaço físico da sala. O professor necessita planejar essa organização no sentido de potencializar a qualidade das interações, incentivando a participação de todos em diferentes eventos comunicativos. Para qualificar a linguagem das crianças é importante oportunizar situações que elas desejam e possam participar, propondo atividades em que trabalhem em grupo maior, em pequenos grupos ou em duplas.

Quando planeja a atividade em pequenos grupos, o professor pode pensar em uma única proposta para todos ou em diferentes propostas para cada grupo. Também pode planejar pequenas tarefas, tipo uma gincana, e fazer rodízio delas entre os grupos. O trabalho em grupo demanda colaboração e interação verbal ao longo do processo. Isso precisa ficar bem-esclarecido para que não ocorram situações nas quais as crianças apenas estejam sentadas em pequenos grupos, mas realizando a tarefa individualmente. Para tal, o professor precisa planejar detalhes das atividades propostas com o objetivo de favorecer e qualificar a interação e o trabalho em grupos.

É preciso considerar também que, durante o trabalho em grupo, o professor necessita circular entre eles, observando e identificando o andamento, se necessitam de intervenções do tipo orientação, comentários, pistas para continuar colaborando para o andamento da tarefa.

Tendo esclarecido aspectos mais específicos em relação ao trabalho didático com o objetivo de qualificar a fala e a escuta dos sujeitos participantes, na segunda parte deste livro vamos especificar algumas atividades práticas[8] que podem ser desenvolvidas quando a intenção é desenvolver e qualificar as competências comunicativas do aluno.

EXEMPLO DE UM PLANEJAMENTO DIÁRIO BASEADO NOS PRESSUPOSTOS APRESENTADOS

O quê?	Para quem?	Para quê?	Por quê?	Como?
Leitura deleite.	Todas as idades.	Ler pelo prazer de ler.	Para que percebam o prazer que a leitura pode oferecer e desejem aprender a ler de forma autônoma.	• O professor faz uma breve "propaganda" do livro. • Comenta que gostou muito e que gostaria de compartilhar com eles. • O critério principal para a escolha do livro deve estar relacionado ao prazer que leitura oportunizou ao professor[9].

---

8. Muitas atividades sugeridas foram adaptadas das propostas de Alvarado e Vernon (2011).

9. Abordagem interessante de um tema, qualidade da linguagem, interesse despertado. Muitas vezes os professores escolhem livros com algum tipo de moral (não brigar com os amiguinhos, dicas de higiene etc.). Esses critérios geralmente não são adequados à leitura deleite.

Lista de atividades/brincadeiras/jogos preferidos.	Para que verbalizem seus pensamentos sobre o tema proposto e ampliem o vocabulário.	Organizar pensamento e expressá-lo não é aprendido "naturalmente". É preciso exercitar, modelar, comentar o desempenho, ter retroalimentação.	O professor explica o objetivo da tarefa: elaborar uma lista das preferências da turma. Explica detalhadamente como será realizada: • todos falam; • um de cada vez; • ela anota no quadro; • ao final produzirão um texto sobre a lista[10].
Produção de texto coletivo.	Organizar informações em um texto; comentar preferências; produzir pensamentos.	As tarefas realizadas em aula precisam ser significativas; "servir para algo".	O professor atua como escriba; sugere um modo de iniciar o texto e pede que os alunos o complementem. Depois de escrito, revisa com eles e, no dia seguinte, distribui uma cópia para cada um para que possa ser relido.

10. O texto serve para descrever a atividade e para organizar as percepções de cada um sobre o "resultado da lista", tipo: "Cada um prefere algo diferente". "Muitos gostam de..." "Ninguém lembrou de..."

Parte II
Descrição e análise de atividades práticas para aprender a falar e a escutar

Atividade 1 – Passa-passa

Nessa atividade não existe demanda de fala, porém ela exige atenção, o que contribui para a comunicação e o desenvolvimento da empatia.

As crianças sentam-se no chão, num grande círculo. O professor explica que ele não irá falar, mas realizar uma ação ou um gesto para o primeiro aluno do círculo, que servirá de sinal. As crianças precisam transmitir esse sinal, uma a uma, para o colega ao seu lado, na ordem do círculo. Pode ser um sorriso, um piscar de olho, um aperto de mão. A dinâmica desse jogo demanda das crianças atenção para qual é a sua vez de participar e oportuniza a espera, pois precisam aguardar o momento de sua participação. No final do círculo, o último aluno apresenta o sinal recebido e o professor comenta se foi o gesto inicial ou não.

A proposta pode desencadear algum tipo de diálogo sobre as percepções (gostaram, não gostaram, por que) e permite várias repetições em diferentes situações.

O quê?	Para quem?[11]	Para quê?[12]	Por quê?	Como?
Passa-passa.	Crianças a partir de 2 anos.	• Atenção. • Interpretar e executar as regras de um jogo.	Contribui para a comunicação e a empatia, mantendo a atenção e seguindo a lógica da tarefa proposta.	Descrito acima.

Atividade 2 – Rodadas de nomes

Os objetivos dessa atividade são promover a atenção das crianças, escutar os outros e relembrar as suas intervenções.

Antes do jogo o professor determina o tema da atividade: nomes dos colegas de aula, nomes de frutas, de animais etc.

Organizadas em círculo, as crianças precisam dizer um nome (dependendo do tema proposto) e recordar os nomes já ditos pelos colegas anteriores. Por exemplo: o primeiro aluno diz: João. O segundo diz: João, Lucas, e assim sucessivamente.

Alternativa 2: O professor fornece uma imagem de fruta ou de animal para cada criança. Cada criança só vê a sua. Na sua vez de falar, não mostra a figura. Quando alguma criança esquece um dos animais/frutas, o "esquecido" mostra sua figura para recuperar a informação e continuar a rodada.

Alternativa 3: O professor diz, em segredo, o nome com que cada criança vai participar. Quando alguém esquecer algum, o professor fornece pistas. Por exemplo: diz que é uma fruta muito ácida, verde; que serve para fazer suco, quando é

---

11. A faixa etária é meramente sugestiva. Cada professor sabe do que sua turma é capaz. (Vale desafiar os limites!)

12. Embora as atividades possam oportunizar outros tipos de aprendizagem, o foco foi naquelas relacionadas às competências comunicativas.

misturada com água e açúcar. Em outra variante, as crianças podem participar fornecendo as pistas.

O quê?	Para quem?	Para quê?	Por quê?	Como?
Rodada de nomes.	Crianças a partir de 2 anos.	Escutar e memorizar.	Contribui para a aprendizagem da linguagem oral.	Descrito acima.

Atividade 3 – Quem está de acordo?

O objetivo desta atividade é pensar sobre algumas afirmações para avaliá-las, a partir do seu ponto de vista, e decidir se está de acordo ou não. O professor solicita às crianças para prestarem atenção ao que ele irá falar. Poderá dizer algo como: "O sorvete de chocolate é o mais gostoso de todos". "É melhor ter um cachorro do que um gato em casa."

Quando as crianças estiverem de acordo com o que o professor diz, expressarão através do uso de seus polegares para cima. Quando não concordarem, com o polegar para baixo. Cada vez que isso acontecer, o professor pede a ajuda de uma criança para contar quantos concordaram e quantos não. O professor pode ir anotando no quadro, em uma tabela de duas colunas, quantos sim e quantos não para, ao final, definir com as crianças quais afirmações tiverem mais ou menos acordo.

Quando as crianças tiverem entendido a dinâmica, pode-se propor que cada uma, na sua vez, diga um argumento para justificar sua escolha. Os outros dizem se concordam ou não, e por quê.

Provavelmente essa atividade suscitará muitos comentários entre os alunos. É importante que possam expressar suas opiniões de modo informal e que identifiquem semelhanças ou diferenças entre as suas e as dos colegas.

Como a maioria das crianças costuma se manifestar sobre esse tipo de tema, o ambiente pode favorecer a participação das mais tímidas, fazendo com que se animem a falar.

É importante que, no processo da realização da atividade, o professor ajude as crianças a evitarem comentários que desqualifiquem algum colega e sua opinião, utilizando frases do tipo: "Lembrem-se que somos todos diferentes". "Existem diversas maneiras de pensar" etc.

Também há possibilidade de simplificar essa atividade, evitando a contagem e dando prioridade às explicações.

O quê?	Para quem?	Para quê?	Por quê?	Como?
Quem está de acordo?	Crianças a partir de 2 anos.	Pensar, sistematizar e expressar seu próprio pensamento.	Competências importantes no uso da linguagem oral.	Descrito acima.

Atividade 4 – O que mais gostamos desse dia?[13]

Os objetivos dessa atividade são que as crianças pratiquem entre si a oralidade e a escuta dos colegas; pensem, escolham e expressem o que mais gostaram; decidam em grupo, por consenso ou argumentação, dentre outros.

Para realizar essa tarefa o professor irá dando pistas para que as crianças lembrem as atividades realizadas no dia, em uma sequência temporal. Pode ir lendo a rotina no quadro (ou reescrevendo, se apagou) enquanto retomam o que fizeram. Após se reunirem em pequenos grupos, debatem entre si o que mais gostaram e por quê, escolhendo um relator que irá comunicar à turma sua decisão. No retorno ao grande grupo as crianças designadas compartilham suas conclusões.

---

13. Atividade que pode ser incluída na rotina, no final das aulas.

Para poder participar dos debates é necessário que aprendam a escutar os demais. Quando solicitamos às crianças que estabeleçam acordos ou resolvam de modo conjunto uma tarefa, é importante dizer o tempo que possuem para isso, considerando que vão precisar dialogar e argumentar para chegar ao consenso. Desse modo, além de realizar melhor as tarefas, poderão aprender a importância das práticas sociais, da colaboração, da participação, do uso adequado do tempo.

O quê?	Para quem?	Para quê?	Por quê?	Como?
Do que mais gostamos.	Crianças a partir de 1 ano e meio.	Praticar oralidade e escuta do outro.	São competências básicas para a comunicação social.	Descrito acima.

Outra opção com objetivos semelhantes

O quê?	Para quem?	Para quê?	Por quê?	Como?
Diário da turma.	4 anos.	Elaborar relatos e construir um diário da turma com escritos, fotos, desenhos.	Valorizar as aprendizagens, oportunizar escolhas, elaborar argumentos.	Descrito acima.

Antes do final das aulas, reserve aproximadamente 30 minutos para falar sobre o que fizeram, o que mais gostaram, o que aprenderam. Anote as falas em um caderno que será o Diário da Turma. Quando houver, acrescente algum material que contribua para esses relatos, como fotografias, embalagem de algum lanche que foi dividido entre os colegas ou um desenho feito em grupo. Há também a possibilidade de sistematizar que as crianças levem o diário para casa, uma por vez, para contar à família as aventuras do dia a dia na escola. Esta atividade pode fazer parte da "rotina não rotineira" e acontecerá ao longo do ano.

Atividade 5 – Formar filas por...

Essa atividade foi planejada com o objetivo de aproveitar os momentos em que solicitamos às crianças para fazerem fila; por exemplo, para irem ao pátio ou voltarem à sala de aula. Consiste em pedir que se alinhem de acordo com algum critério que tenham de definir ou chegarem a um acordo para decidir. Por exemplo: o professor pode solicitar para que formem a fila por altura (ascendente ou descendente), ou considerando a cor do calçado, a cor do cabelo ou o tipo de penteado.

Dado um critério para que formem a fila, é importante considerar que precisam de tempo para se organizarem e poderem decidir como melhor se organizar, antes que ocupem sua posição na fila. Por exemplo: se o critério for a cor ou o tipo de calçado, primeiro se separam os diferentes tipos e se estabelecem outros critérios para ver quem vai primeiro, se é quem está usando sapato preto ou tênis branco.

O professor pode contribuir na organização, propondo algum critério ou provocando a explicitação de outros para que os alunos compreendam melhor a atividade.

Ainda que um critério possa ser mais objetivo do que outro, como a altura, essa atividade contribui para que as crianças utilizem a língua para propor e estabelecer acordos.

O quê?	Para quem?	Para quê?	Por quê?	Como?
Formar filas, por diferentes critérios.	Crianças a partir de 3 anos.	Desenvolver alternativas de solução de problemas.	Pensamento autônomo, decisões grupais, avaliação de alternativas.	Descrito acima.

Atividade 6 – Jogo de sombras

O objetivo dessa atividade é que as crianças dialoguem para entrar em acordo, explicitem suas preferências, aprendam a elaborar e a seguir instruções.

É necessário que a atividade seja realizada em um dia de sol, depois do meio-dia, quando as sombras se projetam.

No pátio, em duplas ou trios, as crianças desenham com giz a sombra de uma criança da dupla ou do trio. O professor pode mostrar com uma das crianças como devem fazer, chamando atenção para a sombra e como esta se modifica quando a criança se movimenta. Pede para a criança que decida uma posição (cômoda) e depois fique parada. Traça o contorno da sombra e depois pergunta que detalhes deseja que ele desenhe. A criança pode indicar o cabelo, o rosto, a roupa, os sapatos. O professor pode ir perguntando e fazendo sugestões.

Uma vez terminado o desenho, a criança tem de dizer se gostou ou não, se considera necessário acrescentar ou tirar algo. A seguir escreve o nome da criança.

A atividade continua com cada dupla ou trio desenhando a criança escolhida, questionando os detalhes que devem colocar ou tirar, e, no final, colocando o nome.

Se for muito complicado desenvolver a atividade em um único dia, esta poderá ser realizada em dois dias. No primeiro dia o professor mostra a proposta, desenhando uma das crianças escolhida por algum tipo de sorteio. No segundo dia, divide as crianças em duplas ou trios (dependendo do número de alunos), pedindo para que elas realizem a atividade.

A organização em duplas ou trios oportuniza que todos tenham experiência como desenhistas e como modelos, implica que se sintam atendidos, escutados e que tomem decisões.

Dependendo do número de alunos, a atividade pode demandar várias sessões de trabalho para que todos eles possam ser desenhistas e modelos. Se isso acontecer, o professor pode elaborar uma lista de turnos para que todos sejam incluídos na atividade.

O quê?	Para quem?	Para quê?	Por quê?	Como?
Jogo de sombras.	3 anos.	Dialogar para o consenso; argumentar sobre sua ideia; elaborar e seguir instruções.	São competências importantes para o uso da linguagem oral.	Descrito acima.

Atividade 7 – Sentimentos

Quando se planeja uma atividade para as crianças é importante prever quantas vão participar, que tipo de fala provavelmente emergirá, para evitar que se torne cansativa e/ou repetitiva. É preferível repetir a mesma atividade em outros dias, dando oportunidade para que crianças diferentes participem, do que estender a mesma atividade na aula.

O objetivo dessa atividade é que as crianças identifiquem sentimentos e possam falar sobre eles, narrando experiências que vivenciaram.

O professor explica que todos temos sentimentos e nomeia quatro sentimentos básicos: felicidade, raiva, tristeza e medo. Escreve-os no quadro e pode fazer o desenho de uma carinha representando cada um. Mostra recortes de revista, fotografias, solicitando que as crianças identifiquem, se possível, os sentimentos.

A seguir propõe que se organizem em grupos para contar para os colegas experiências que tiveram com um desses sentimentos. O professor pode exemplificar contando uma experiência sua.

Organizados os grupos, ele distribui um sentimento para cada um deles (se houver mais de quatro, repete-os). É importante planejar o tempo para a atividade, considerando o relato e os questionamentos que as crianças poderão fazer.

A seguir, o professor vai trocando os sentimentos, e os narradores se organizam por si. Enquanto isso, ele circula pelos grupos ajudando para que se organizem, escutem o outro, esperem sua vez, provocando questionamentos.

Depois de jogar várias vezes, é possível ampliar os sentimentos: surpresa, aborrecimento, cansaço, tranquilidade etc.

O quê?	Para quem?	Para quê?	Por quê?	Como?
Sentimentos.	3-4 anos.	Identificar e diferenciar sentimentos, falando sobre eles.	Qualificar competências comunicativas.	Acima descrito.

Atividade 8 – Iguais e diferentes

O objetivo dessa atividade é oportunizar que as crianças compartilhem com os colegas, através da linguagem, seus gostos ou preferências. Trata-se de perceberem que em um grupo de pessoas há diferenças; mas, ao mesmo tempo, é possível compartilhar gostos.

O professor prepara para cada aluno uma folha de papel dividida em quatro partes. Disponibiliza lápis de cor e solicita que desenhem em dois quadros algo que gostam e fazem e, nos outros dois, algo que não gostam e precisam fazer. Por exemplo: em um quadro podem desenhar seu jogo favorito, no quadro seguinte, sua comida preferida; nos outros dois, uma atividade que não gostam (arrumar os brinquedos, escovar dentes) e uma comida que também não gostam.

É importante que o professor também faça a atividade e mostre aos alunos para exemplificar como devem fazer. Depois que eles concluírem os desenhos, o professor forma duplas. Cada uma delas compartilha o que gosta e o que não gosta, de acordo com os desenhos. Quando uma dupla coincide em algum deles, faz um sinal no desenho correspondente.

Para finalizar, o grupo todo se reúne e responde por turnos: "Quem descobriu que tem gostos ou desgostos iguais? Quais?" "Quem descobriu algo que não sabia do colega?" "Quem descobriu que tinha preferências diferentes do colega?"

O quê?	Para quem?	Para quê?	Por quê?	Como?
Diferentes e iguais.	3 anos.	Compartilhar gostos e preferências.	Desenvolvimento da linguagem oral.	Descrito acima.

Atividade 9 – As pessoas com quem moro

O objetivo dessa atividade é que as crianças falem sobre o lugar e as pessoas com quem convivem diariamente. Ao compartilharem essa informação poderão perceber os diferentes tipos de famílias que podem existir.

A atividade demanda que, em primeiro lugar, os alunos desenhem a sua família, ou as pessoas com quem vivem. O professor, ao desencadear a atividade, explica que existem diferentes tipos de família, e que, por esse motivo, para que se conheçam melhor, vão realizar essa proposta e saber como vivem os colegas.

Em algumas ocasiões, as crianças incluem uma mascote como parte da família, em outras excluem alguém. Qualquer que seja o caso, o professor precisa explicitar a necessidade de respeitar as escolhas de cada um.

Depois de elaborarem os desenhos, apresentam o seu para a turma. O grupo pode questionar quando ficar em dúvida ou quiser saber mais detalhes, como: quantos irmãos, se são mais velhos ou mais novos; se mora em uma casa ou apartamento, quantos quartos etc.

Pode acontecer que alguma criança não queira participar dessa atividade. O professor não deve insistir, mas seria interessante tentar investigar os motivos, em algum momento, conversando com a criança sozinha ou chamando o responsável.

O professor precisa considerar que em alguns contextos as crianças podem sofrer discriminações por sua condição familiar. É importante evitar esse tipo de estigma na escola, para que todos se sintam respeitados e bem-vindos. Entretanto, não se deve evitar falar sobre isso, se e quando ocorrer algum ato discriminatório. É papel do professor ensinar aos alunos a conviverem e respeitarem as diferenças.

Finalizando a tarefa, as crianças podem expor os desenhos na parede da sala.

O quê?	Para quem?	Para quê?	Por quê?	Como?
As pessoas com quem moro.	3 anos.	Aprimorar competências linguísticas; perceber a diversidade; conhecer mais os colegas; compartilhar seus trabalhos com outras turmas da escola.	Qualificação do uso da linguagem oral e da escuta são competências importantes no processo.	Descrito acima.

Atividade 10 – O cofre do tesouro

O objetivo dessa atividade é oportunizar que as crianças identifiquem seus interesses e compartilhem com os colegas. Simultaneamente aprendem a escutar o outro e elaboram relações entre o que seus colegas falaram e suas ideias e preferências.

A atividade é organizada de modo rotativo entre os alunos, para que, em ocasiões diferentes (p. ex., uma vez por semana), uma criança fique encarregada de trazer algo que goste muito para colocar na caixa do tesouro da turma. Podem ser pedras coloridas, a pena de um pássaro, um desenho, um livro, um brinquedo etc.

No grande grupo a criança encarregada no dia apresenta o objeto que vai fazer parte do tesouro (até o final do ano letivo) e explica para o grupo por que acha que o objeto é um tesouro.

No final do ano letivo, o professor planejará uma atividade com a caixa do tesouro, quando irá mostrar cada objeto, propondo que o grupo relembre quem trouxe e por que considerava um tesouro.

O professor pode ser a primeira pessoa a realizar a tarefa, para exemplificar aos alunos. A atividade, além de mobilizar as crianças para que exercitem a própria fala e a atenção à fala do outro, é uma oportunidade para que expressem seus interesses e falem de si mesmas, o que oportuniza que se sintam valorizadas pelo grupo.

O papel do professor no desenvolvimento da atividade é muito importante, pois ele precisa considerar estratégias para que as crianças se sintam confiantes em falar, devendo transmitir, através de suas atitudes e intervenções, que todas as falas são valorizadas.

Pode acontecer, por exemplo, de uma criança trazer um objeto, mas ter dificuldade de falar sobre ele. O professor pode dizer algo como: "Que linda pedra você trouxe. Onde a encontrou? O que te chamou atenção nela?"

Para contribuir para o clima de confiança é importante que o professor se dirija aos alunos, chamando-os pelo nome, empregando um tom de voz amável, olhando nos seus olhos, procurando estar fisicamente na sua altura.

O quê	Para quem?	Para quê?	Por quê?	Como?
Cofre do tesouro.	A partir de 2 anos.	Identificar interesses; compartilhá-los com o grande grupo; organizar e exercitar a fala.	São aprendizagens importantes que precisam ser oportunizadas ao longo do processo.	Descrito acima.

Essa atividade, além de oferecer espaço para que as crianças desenvolvam sua atenção e escuta, é oportuna para que elas expressem seus interesses, falando de si mesmas, o que faz com que se sintam valorizadas pelo grupo. Além disso, quando as crianças compartilham espaços em que se envolvem emocionalmente, conseguem ser mais empáticas umas com as outras, contribuindo para a constituição do grupo.

ATIVIDADES PARA DESCREVER E EXPLICAR

Esta parte é dedicada a atividades com o objetivo de oportunizar que as crianças realizem descrições e explicações mais elaboradas. Essas ações podem contribuir para que os alunos ampliem suas possibilidades de identificar características de objetos, pessoas e situações. Além disso, o exercício de descrever está ligado à demanda pela utilização de palavras diferentes, ampliando e qualificando o vocabulário dos alunos.

Atividade 1 – O que tenho no bolso?

Objetivo: identificar objetos simples através da sua descrição. Pode ser realizada em diversas ocasiões, como um jogo. Por exemplo: o professor pede que os alunos adivinhem o que tem guardado em sua pasta, dando pistas sobre o objeto (uma bala, uma caneta, uma lista, um pente etc.). Assim, vai exemplificando para as crianças como fazer descrições. Além disso, o jogo demanda que escutem atentamente, reflitam sobre as características citadas, façam comparações, argumentem sobre suas hipóteses, a fim de identificar adequadamente o objeto descrito.

Por exemplo: é pequeno, é possível colocar confortavelmente no bolso da calça, é de plástico, existe de várias cores, serve para arrumar o cabelo. De uma maneira geral, as crianças têm dificuldades de coordenar todos os atributos que escutam em uma descrição e parece que atentam apenas ao último mencionado. Neste exemplo, poderiam supor que o objeto descrito era uma escova de cabelo. Se isso ocorrer, o professor pode ajudar a recontar os atributos e questionar se uma escova de cabelo cabe no bolso da calça, por exemplo.

Em outra versão dessa atividade, o professor pode solicitar que um aluno traga de casa, dentro do bolso ou na mochila, um objeto para descrever para que os colegas adivinhem o que é. É importante elaborar uma lista dos alunos para que todos possam participar ao longo do ano.

Quando as crianças têm dificuldade para fazer as descrições, o professor pode ajudar, oportunizando que escolham entre uma variedade de atributos: "É comprido ou curto?" "É de cor brilhante ou opaca?" "Serve para brincar ou para trabalhar?"

Os jogos de descrições são atividades complexas para as crianças da Educação Infantil. Exigem realizar comparações entre objetos, pessoas e lugares para identificar pontos de semelhanças e diferenças. Assim, quando elas fazem descrições muito simples ou mais gerais e amplas, o professor pode fazer perguntas que provoquem descrições mais completas. Por exemplo: "Onde se pode comprar?" "Quem usa?" "Para quê?"

Outra possibilidade é o professor solicitar que a criança que trouxe o objeto saia da sala e mostre apenas para ele o que é. Dessa maneira, cria uma cumplicidade entre eles e oportuniza que o professor ajude a criança a oferecer pistas melhores.

Quando as crianças da Educação Infantil são desafiadas a descrever objetos, personagens ou fatos, elas sentem a necessidade de procurar novas palavras ou expressões para comunicar o que estão pensando ou vendo. Consequentemente, esse tipo de atividade geralmente contribui para incrementar qualitativamente o vocabulário das crianças. Ao mesmo tempo, aprendem a escutar atentamente os atributos descritos pelos colegas, elaborando uma representação mental dos objetos descritos e, algumas vezes, percebendo uma característica que não tinham considerado anteriormente.

A atividade pode se transformar em um jogo de adivinhações: o dono do objeto oferece uma pista e os outros alunos precisam fazer perguntas cujas respostas só podem ser "sim" ou "não".

Atividade 2 – Como estou vestido?

Objetivo: exercitar a observação de características, nesse caso, dos próprios colegas, além de permitir que façam descrições.

O jogo consiste no seguinte: tendo reunido todo o grupo, o professor pede a uma criança para que venha à frente e os colegas a examinem por um minuto. Depois, solicita que se esconda, fique fora da visão dos outros. Os alunos têm dois minutos para lembrar como ela estava vestida, que tipo de penteado usava, e o que mais lembrarem para descrever o colega. O professor auxilia, questionando sobre aspectos que as crianças não estão lembrando.

Quando as crianças têm divergências de percepção, o professor anota para que, quando o colega ficar visível, vejam e esclareçam. Por exemplo: anota que não sabem se a calça é marrom ou preta, se o cabelo está dividido no meio ou do lado, quantos botões sua camisa tem etc.

Para evitar situações de discriminação é importante que as crianças percebam que as diferentes maneiras de se pentear ou de se vestir são válidas. Realizar anotações sobre as descrições feitas pelas crianças pode ser um recurso muito útil, tanto para que elas observem o efeito de suas palavras (o que dizem pode ser escrito) como para ajudar a repensar, recuperar e validar suas contribuições.

Através dessa atividade as crianças também exercitam a atenção, a escuta e a memória visual. Além disso, ao serem descritas pelos colegas, elas se sentem importantes para o grupo.

Atividade 3 – Descrição de cenários e pessoas

Atividade em pequenos grupos de, no máximo, quatro crianças.

Objetivo: oportunizar que as crianças elaborem descrições de cenas gráficas, atentando para detalhes, priorizando-os. Por exemplo: a cena de várias pessoas passeando em um parque de diversões no qual estejam crianças e adultos realizando diferentes atividades (correndo, comendo, exercitando-se, lendo, vendendo pipoca, dentre outras).

Como fazer: antes de distribuir as imagens para os alunos, o professor exemplifica as atividades solicitando que o grande grupo descreva a cena que coloca no quadro (diferente das que serão distribuídas).

A seguir o professor distribui diferentes imagens para os grupos. Cada um deles deve examinar a imagem recebida e descrever entre si o que está vendo, buscando consenso quando houver divergência. Também deve ensaiar como irá descrever a cena que recebeu, quem vai falar e o quê.

Cada grupo vai à frente e descreve a sua imagem para o grande grupo, observando se todos concordam com a descrição feita.

No final dessa atividade o professor coloca três outras imagens, semelhantes entre si, no quadro, descrevendo uma delas, solicitando que os alunos descubram qual está descrevendo.

Atividade 4 – Narrar e descrever sonhos e/ou expectativas para o futuro

Objetivo: oportunizar que as crianças pensem, falem sobre seus sonhos, descrevendo e narrando, atentando para a compreensão e a escuta do outro, desenvolvendo estratégias para melhorar a comunicação de ideias.

Procedimento: o professor pode elaborar uma lista de alunos para que preparem, no dia correspondente, a sua narração e/ou descrição, evitando assim que a atividade seja muito demorada e os alunos percam o interesse ao ter que escutar todos seguidamente.

As crianças se deparam com algumas dificuldades: ordenar os fatos, priorizar outros, explicar as motivações, dentre outras.

Quando as crianças narram os seus sonhos, o papel do professor consiste em contribuir para que elas forneçam o maior número possível de informações relevantes. Se houver necessidade, o professor pode elaborar questionamentos após a narração inicial ou perguntar para os colegas se não ficaram com dúvidas, se não querem questionar algum aspecto.

Atividade 5 – Outro ponto de vista

Objetivo: inventar narrações orais nas quais todos participem.

O jogo requer imaginação. Trata-se de aprender a ver o mundo de uma perspectiva diferente. Demanda que as crianças descrevam, expliquem, elaborem hipóteses e usem a fantasia.

Como fazer: o professor pode levar os alunos para um pátio (ainda que a atividade possa ser realizada em sala de aula). Sentados em semicírculo o professor solicita que imaginem que são criaturas muito pequenas, do tamanho de uma formiga. A seguir, solicita que imaginem diferentes cenários e atividades que poderiam fazer. De que poderiam brincar? Onde? Onde poderiam viver? O que poderiam comer? Aonde iriam passear? O que veriam no caminho? Onde descansariam? Em cada resposta as crianças podem descrever o que pensam e explicar por quê.

O professor tem a possibilidade de estimular a fala de várias maneiras: se as crianças começam a imaginar, a descrição pode parar para ela repetir o que disse para que os outros opinem sobre o que está sendo falado. Também é possível exemplificar sobre o que alguém disse e ampliar com expressões mais complexas.

Também podem ser feitas perguntas abertas: "Que casa pensam que seria melhor: debaixo de um arbusto ou debaixo de uma raiz de árvore?

Quando o professor faz questionamentos para as crianças a partir de suas ideias, está contribuindo para que ampliem a sua linguagem, completem suas ideias e pensem nas consequências de suas hipóteses. Também é importante destacar que essas intervenções podem promover a conscientização das crianças sobre suas próprias ideias e a maneira que as expressam.

Atividades como essa podem ser experiência enriquecedora para os professores que, por sua vez, podem apreciar as diferenças entre as perspectivas dos alunos e sua própria maneira de entender o mundo.

Atividade 6 – O esconderijo

Objetivo: oportunizar que as crianças compartilhem ideias para encontrar/resolver um problema proposto em que têm de localizar objetos escondidos.

Considerando que esse é um jogo complicado para as crianças da Educação Infantil, a ideia de realizar a tarefa em pequenos grupos tem o propósito de que aprendam a colaborar para resolver um problema.

O primeiro passo é organizar pequenos grupos de no máximo quatro elementos (o número de grupos dependerá do número de alunos na aula). Um dos grupos esconderá um objeto pequeno (uma boneca, uma pedra, um livro, uma revista) na sala de aula ou em um espaço limitado do pátio. Os outros grupos precisam "investigar" a localização do objeto através da elaboração de perguntas para o grupo que escondeu. Cada grupo delibera entre si e decide as perguntas que formulará. Os questionamentos precisam considerar que o grupo só pode responder: "sim", "não", "perto" e "longe". Para isso precisa adequar as perguntas.

O papel do professor durante essa atividade é resumir e contribuir para que façam perguntas melhores, indicando, por exemplo, a não consideração de respostas já dadas.

Atividade 7 – O primeiro seminário

Objetivos: interação entre apresentadores e plateia; aprender procedimentos de pesquisa, como seleção de informações e síntese; elaborar roteiros; organizar uma apresentação oral.

Explique o que é um seminário (oportunidade de reconstruir e de compartilhar conhecimento com outras pessoas), propondo a ideia de realizá-lo com o grupo. Escute o que os alunos têm a dizer, e questione. Se houver concordância, o professor pode sugerir vários temas que sabe ser de interesse do grupo e/ou perguntar se os alunos gostariam de escolher outro. Decidido o tema, todos podem ir à biblioteca em busca de material, ou, se tiver, à sala de informática, para pesquisar na web. Mostre o texto para aqueles que ainda não sabem ler. Leia para eles ou peça aos que já são leitores.

Se possível, dependendo do tema, convida-se alguém para conversar com o grupo, preparando questionamentos previamente. Se isso acontecer, a atividade poderá fazer parte do Diário do Grupo, sistematizado em atividade anterior. Organize os materiais (fotos, reportagens etc.) e converse com as crianças sobre o modo de organizar a apresentação oral do que foi pesquisado. Para os que gostariam de apresentar (colegas de outra turma, direção da escola, família), elabore um cronograma de trabalho, listando os diferentes aspectos referentes ao "evento": propaganda e/ou convites, local, dia, hora, e, especialmente, como será feita a apresentação. Podem-se fazer ensaios; enquanto uns expõem, os demais pensam em perguntas para fazer. Organize momentos de avaliação com a sala toda. Sugira que gravem as apresentações, para poderem analisar depois.

ATIVIDADES PARA DAR E SEGUIR INSTRUÇÕES

Atividade 1 – Crianças com controle remoto

Objetivo: oportunizar que as crianças se revezem na indicação de movimentos.

Como fazer: um aluno assume o papel de controlador (ele fica com o "controle remoto" em mãos), os outros participantes fingem que são bonecos e seguem as instruções do chefe. Esse dá instruções como: "Sacudir a mão e o pé direitos".

No início o professor atua como o controlador para dar o exemplo e/ou ideias de como agir. Depois, ele passa a brincar como "boneco" no meio das crianças (servindo como modelo quando elas tiverem dúvidas em relação às ordens recebidas).

Quando as crianças já tiverem prática nessa atividade, o professor pode combinar com elas que a última a fazer o movimento sairá do jogo, para verificar quem ficará mais tempo e ser o vencedor. As ordens dadas pelo controlador podem ser de vários tipos, como: "Fechem os olhos e pulem em um pé só". "Balancem a cabeça para frente e para trás".

Incorporar descritores espaciais pode contribuir para que as crianças sejam mais específicas ao descrever ou referir-se a algo ou a um lugar. Essa não é uma aprendizagem imediata, mas avança na medida em que se propõem atividades que demandem a utilização de vocabulário referente a movimentos e lateralidade.

É importante relembrar que esquerda e direita são termos subjetivos em relação ao ponto de referência e à localização do observador. Sendo assim, é possível antecipar a dificuldade que o jogo pode ocasionar para as crianças. Por esse motivo, o professor precisa esclarecer que, quando está de frente para os alunos, sua direita e esquerda não coincidem.

Atividade 2 – Como você fez essa "maravilha"?

Ao longo das aulas da Educação Infantil as crianças, geralmente, têm muitas oportunidades de interagir com materiais diferentes: contas para montar pulseiras e colares, colagem de papéis ou de figuras, argila, elaboração de papel-machê, pintura a dedo, trabalhos com sucata, dentre outras.

Aproveitando esse tipo de atividade, o professor solicita que um aluno relate e ensine aos colegas como realizou algum desses trabalhos. O autor do trabalho deverá descrever como fez e ensinar para o resto da turma a sua realização.

O professor, ao planejar essa atividade, precisa disponibilizar o material necessário. Ela poderá ser realizada ao longo do ano letivo, trocando o aluno que vai ensinar ao grupo, de modo que todas as crianças tenham a portunidade de orientar os colegas.

Os alunos podem ser auxiliados pelo professor, quando necessário, através de questionamentos que facilitem relembrar a ordem ou o modo de execução de alguma parte. Por exemplo: "Aqui, o que tu fizeste primeiro: cortou os papéis ou colou?" "Como fez para que essa estrela ficasse brilhante?"

Essa atividade pode ser realizada ao longo do ano letivo, providenciando para que todos os alunos ocupem o papel de "ensinante" da atividade pelo menos uma vez.

Atividade 3 – Ditado de desenhos

Objetivo: aprender a seguir instruções verbais para a realização de um desenho, seguindo as instruções do professor.

Como fazer: antecipadamente o professor planeja o que deseja que as crianças desenhem e verifica se é possível dar indicações de modo simples e claro.

Inicia solicitando que os alunos escutem com atenção e observem enquanto ele desenha no quadro. Enquanto desenha ele diz o que faz: "Primeiro vou desenhar uma linha horizontal. Embaixo dela vou desenhar outra, mas menor. Agora junto as duas linhas horizontais com duas linhas verticais. O nome dessa figura é trapézio. Esse trapézio vai me servir para desenhar o corpo de um cachorro. Vou fazer quatro triângulos pequenos debaixo do trapézio, que serão as patas do animal. Agora farei um círculo para ser a cabeça..." É importante que o professor fale de maneira pausada, dando tempo para que todos os alunos possam analisar seus traços.

Como a intenção é que as crianças sigam as instruções verbais, o professor, depois de exemplificar a atividade, informa que, a partir de então, ele vai solicitar que apenas elas desenhem. Somente depois que todas tiverem feito o seu desenho, ele fará o seu, oportunizando que elas revisem o que fizeram. Ao desenhar, o professor vai repetindo as instruções, de modo que os alunos possam ver o resultado de cada indicação.

Seguir indicações exige mais do que apenas escutar. As crianças precisam ir compreendendo os propósitos das indicações para poder proceder com êxito, ainda que possam não entender palavra por palavra o que lhes é indicado. Esse é um exercício muito importante para o desenvolvimento das habilidades comunicativas.

Muitas vezes, em atividades como essa, as crianças trocam ideias entre si, buscando ouvir e/ou seguir o que os outros sugerem. É importante oportunizar que vivam essas experiências, pois os sujeitos aprendem na interação entre diferentes pessoas e saberes, testando hipóteses e reelaborando-as.

Atividade 4 – Vamos cozinhar

Objetivo: aprender a seguir instruções para preparar uma comida simples, como um sanduíche de queijo. A atividade pode ser mais enriquecedora se o professor ler as instruções escritas enquanto os alunos vão executando o passo a passo.

As receitas começam com a identificação dos ingredientes. Para isso, o professor providenciará os ingredientes necessários para cada dupla de alunos, deixando algum a mais ou a menos, de maneira que os integrantes da dupla tenham que determinar, conforme os ingredientes vão sendo lidos, quais serão necessários, o que falta, ou o que sobra. Tendo sido organizado o necessário para realizar a preparação, os alunos se alternam para executá-la, de acordo com as instruções que vão sendo lidas.

Atividades que envolvam cozinhar também podem ser aproveitadas para fornecer informações nutricionais e ensinar medidas de higiene relacionadas à preparação dos alimentos, como também o modo de comê-los.

ATIVIDADES PARA JOGAR COM A LINGUAGEM ORAL

Nesta seção estão incluídas atividades que oportunizam que, brincando com a linguagem, as crianças possam identificar o som das palavras e identificar se há repetições. As atividades propiciam também que conheçam e desfrutem de algumas das expressões literárias mais comuns da tradição oral infantil. Apenas cantando ou recitando rimas é possível que as crianças percebam as características sonoras das palavras, ou seja, as atividades a seguir podem propiciar que as crianças reflitam sobre a linguagem oral e que se divirtam com isso.

1 Rimas

Atividades com rimas são bastante difundidas entre os professores da Educação Infantil. Existe uma grande variedade de rimas ou canções rimadas para crianças. Além de compartilhar com elas a tradição oral, essas atividades intencionam a percepção de que algumas palavras se assemelham em relação ao som.

Mostrar a escrita das palavras facilita para que as crianças identifiquem em que sentido elas se parecem quando há rima, mesmo se não forem alfabetizadas.

2 Trava-línguas

Trava-línguas são provenientes da cultura popular, vindas de rimas infantis, podendo aparecer como prosa, frases ou versos, e, como o nome diz, sem *travar a língua*. São compostos, geralmente, de fonemas em contexto de palavras que dificultam a pronúncia. O objetivo é oportunizar o exercício da pronúncia dos fonemas mais complicados. Exemplos:

- *Sabia que a mãe do sabiá não sabia que o sabiá sabia assobiar?*

- *Gato escondido com rabo de fora tá mais escondido que rabo escondido com gato de fora.*

- *O tempo perguntou ao tempo quanto tempo o tempo tem, o tempo respondeu ao tempo que o tempo tem tanto tempo quanto tempo o tempo tem.*

• *Uma aranha dentro da jarra. Nem a jarra arranha a aranha nem a aranha arranha a jarra.*

Inúmeras propostas podem ser planejadas com os trava-línguas, dependendo do tamanho do grupo e da idade das crianças.

3 Adivinhas

Mesmo que as adivinhações possam ser complicadas para as crianças da Educação Infantil, com a ajuda do professor elas podem começar a elaborar pistas linguísticas que permitam responder à proposta desse tipo de jogo. Escolher adivinhações que remetam a objetos ou situações conhecidas, como animais, por exemplo:

> Minha casa levo nas costas,
> Atrás de mim deixo uma trilha,
> Sou lento de movimentos,
> E não gosto do jardineiro.
> *(Caracol)*

> Tenho orelhas compridas,
> Rabo curto,
> Corro e ando saltando.
> Quem sou?
> *(Coelho)*

> Todo mundo leva,
> Todo mundo tem,
> Porque a todos lhes dão um
> Quando ao mundo vêm.
> *(O nome)*

> O que é que dá um pulo e se veste de noiva?
> *(Pipoca)*

> Está no meio do ovo?
> *(A letra V)*

É preciso considerar que compreender uma adivinhação é bastante complicado para as crianças pequenas. Porém, a familiaridade com esse tipo de jogo oportuniza que elas estejam em contato com uma manifestação cultural própria das tradições orais populares e pode funcionar como um exercício para aprender a lógica desse tipo de atividade.

Ao explicitar a análise que faz das palavras tentando solucionar uma adivinhação, o professor exemplifica aos alunos um tipo de raciocínio que, mesmo que em um primeiro momento não seja compreensível para as crianças, oferece pistas para que, mais tarde, de posse de outros elementos, venham a utilizá-lo para compreender. Ou seja, o trabalho sistemático com esse tipo de jogos, bem como a maioria deles, oportuniza que as crianças repensem suas estratégias de solução, com base nas soluções manifestadas pelos colegas ou pelos encaminhamentos do professor. Na próxima vez, elas utilizarão as "novas" estratégias que aprendeu, buscando alternativas de solução.

OUTRAS INTERVENÇÕES POSSÍVEIS DURANTE A ROTINA ESCOLAR

As crianças pequenas necessitam de orientações simples para utilizar a linguagem oral no cotidiano escolar. Na Educação Infantil ocorrem situações corriqueiras que mostram algumas dificuldades com que as crianças se deparam por carência de conhecimento no uso dessa ferramenta, sendo que essas circunstâncias podem se tornar momentos privilegiados de intervenção didática. O objetivo das atividades apresentadas a seguir é descrever e analisar fatos da vida cotidiana e sugerir alternativas de intervenção que contribuam para que os alunos incorporem o uso da linguagem oral como ferramenta de convívio social.

Atendimento de necessidades básicas

Algumas vezes as crianças ingressam na Educação Infantil sem ter tido oportunidade de solicitar ajuda, através da linguagem, para satisfazer uma necessidade. Isso acontece, geralmente, porque na sua casa, com seus pais ou responsáveis no convívio diário, as crianças não precisam se esforçar para serem atendidas, pois os adultos cuidadores antecipam suas necessidades. Na escola isso não acontece; lá elas precisam falar.

Geralmente quando não sabem como fazer isso, elas choram ou gritam porque desconhecem outra maneira de manifestar seu incômodo. Nessas circunstâncias é importante que o professor as ajude a utilizar a linguagem para se comunicar.

Mobilizar a resposta das crianças é uma estratégia que, além de fazer com que falem, leva-as a perceber que seus esforços são válidos, o que pode contribuir para que se percebam capazes de aprender e de solucionar seus problemas.

A seguir apresento algumas situações habituais nas quais o professor pode intervir didaticamente nesse sentido.

Exemplo 1

Em uma sala de aula o professor pede a um aluno que distribua folhas de papel entre os colegas. A folha que Mariana recebe está rasgada. Ao perceber isso a menina começa a chorar.

O professor intervém e provoca Mariana, questionando:
— O que aconteceu? Por que está chorando?

A menina não consegue explicar, e o professor pergunta:
— O que aconteceu com o seu material, como está a sua folha?

Mariana indica que a folha está rasgada.
— Ah! Está rasgada a folha que você recebeu?

O professor mostra como ela pode resolver:
— Então me diga: "Professor, a folha que eu ganhei está rasgada. Pode me trocar?"

Existem outras maneiras inapropriadas que as crianças utilizam para tentar resolver os seus impasses. A seguir outro exemplo.

Exemplo 2

Maria, igual a Mariana, recebe uma folha rasgada. Em vez de chorar, arranca a folha de outro colega. Roberto se sente maltratado e reclama de Maria com o professor, que intervém:
— Maria, Roberto me disse que você arrancou a folha dele.
Ao perceber que a menina não responde, acrescenta:
— Roberto, por que pensa que Maria fez isso?
— Não sei — responde o menino.
O professor questiona:
— Você arrancou a folha de Roberto porque queria brigar ou porque queria uma folha que não estivesse rasgada?
— Porque queria uma folha boa — ela responde.
— Roberto, o que você acha que a Maria poderia fazer para conseguir uma folha boa sem arrancar a sua?
— Pedir para ti — diz Roberto.
— Muito bem, como ela poderia me dizer? E você, como teria dito, Roberto?
— Professor, quero uma folha boa.
— Muito bem, Roberto.
— Maria, pede para eu trocar a folha.
— Pode me trocar?
— Muito bem, Maria. Agora te troco a folha.

Algumas vezes as crianças não encontram respostas para as perguntas dos adultos. Quando isso acontece é indicado oferecer opções específicas de resposta que oportunizem o esclarecimento de suas próprias ideias e continuem dialogando.

As crianças, quando se entusiasmam com uma atividade, experimentam sensações que são, muitas vezes, impossíveis de conter. Participar, responder a uma pergunta, ser a escolhida para uma tarefa. Muitas vezes esse entusiasmo pode ser fonte de conflito, especialmente quando houver várias crianças na sala de aula. É papel do professor tanto antecipar estratégias de organização para promover a participação ordenada dos alunos como contribuir para que aprendam a esperar sua vez. A seguir, um exemplo disso.

Exemplo 3

Os jogos de mesa são contextos estruturados nos quais respeitar sua vez de participar é um exercício necessário. Em uma classe de Educação Infantil com alunos de 5 anos, estes participam de um jogo de dados e tabuleiro, organizado em grupos de quatro crianças.

Ainda que no início do jogo o professor tenha indicado a ordem de participação de acordo com a posição que ocupam na mesa, Renato pega os dados quando ainda não é sua vez, e acontece o seguinte diálogo:

– Tirei o cinco, quase ganhei – diz Renato.

– Não é certo, não é certo, está roubando. Não é tua vez – diz Gabriela.

– Sim, é minha vez – responde Renato.

O professor intervém:

– Quem jogou antes de Renato?

– Foi Teresa.

– Muito bem. Renato, lembra como organizamos a ordem de jogadores?

– Primeiro eu, depois Bruno, depois Teresa e Gabriela.

– Então de quem é a vez agora?

– De Gabriela – respondem os alunos em coro.

— E depois de Gabriela?
— Aí sim é a vez de Renato.

Exemplo 4

No dia a dia da Educação Infantil é comum designar momentos específicos para a conversação. Em uma escola o professor informou que havia planejado 15 minutos para que, nas segundas-feiras, os alunos conversassem sobre o que fizeram no final de semana. Em uma dessas ocasiões, ele modificou um pouco a consigna da atividade e comunicou aos alunos que iriam conversar sobre o final de semana, mas de uma maneira específica:

— Vou fazer três perguntas que serão respondidas por cinco alunos. Primeiro eu digo a pergunta, e quem quiser responder levanta a mão, e eu, com os olhos fechados, aponto para os cinco que vão responder. Prontos? A primeira pergunta é: "O que mais gostaram no final de semana?"

Depois da primeira rodada de participação o professor fez a segunda pergunta:

— Quem aprendeu algo nesse final de semana? Por exemplo, um jogo diferente, algo que nunca tinha feito antes. Antes de levantar a mão pensem se aprenderam algo novo...

O terceiro questionamento foi o seguinte:

— Falta apenas uma pergunta. Antes, me ajudem a lembrar o que os primeiros alunos disseram sobre o que mais gostaram no final de semana.

O grupo todo participou dessa atividade de "reconto". Ao final o professor resumiu o que cada aluno informou, e continuou:

— A pergunta agora é: "Quem fez alguma coisa parecida com o que os colegas contaram?"

Esse exemplo é baseado na ideia de que é importante, para que a aprendizagem avance, que os professores determinem temas específicos sobre os quais os alunos possam organizar seus pensamentos e participar da atividade. Desse modo, a exigência para organizar sua fala aumenta. Primeiro falam de qualquer coisa que desejam, depois precisam direcionar o pensamento para a pauta informada pelo professor. Esses são dois tipos de esquema de pensamento e duas aprendizagens diferentes.

Brincar e brigar

O pátio é um espaço muito fértil para que as crianças exercitem sua capacidade de estabelecer acordos com os colegas. As dificuldades que surgem quando brincam com outros são também, geralmente, oportunidades para socializar e aprender a ser empáticas, negociar e aproveitar os momentos com os colegas. Nesses momentos o professor também pode intervir, incentivando o uso da linguagem como ferramenta para estabelecer acordos ou solucionar conflitos.

Para tal é preciso considerar que culturalmente as disputas entre os meninos são, em geral, diferentes daquelas estabelecidas entre as meninas. Enquanto aos meninos é "permitido" ser mais evidentes, envolvendo até "violência física", as meninas, em geral, são mais sutis e utilizam a discriminação ou a exclusão como recurso[14].

É importante que os professores tenham coerência nas mensagens que emitem, ou seja, que sua atitude e tom de voz correspondam à sua intenção comunicativa.

Frente a uma situação de conflito entre as crianças, os professores podem ajudar a esclarecer os fatos e assim, a partir disso, elas sejam incentivadas a utilizar a linguagem como

---

14. Não é objetivo deste livro aprofundar questões de gênero. Por isso, estamos generalizando apenas para exemplificar o uso da linguagem nesses casos.

meio socialmente aceito para comunicar seus problemas e buscar alternativas de solução.

Exemplo 5

Pedro e João estavam tentando fazer um acordo, mas sem chegar a uma solução favorável para ambos. O professor percebe que começam a brigar. Pedro chuta João, que lhe devolve um soco. O professor intervém utilizando uma voz firme e demonstrando desaprovação:

— Ei! Sem briga! O que está acontecendo?

Pedro explica:

— É que João me bateu.

— Mas você começou — responde João.

O professor diz:

— Não importa quem começou e nem quem terminou. Vamos ver o que aconteceu para resolver. O que vocês estavam fazendo quando começaram a brigar?

— Estávamos jogando o "Jogo "A" — explica João.

— E estavam satisfeitos ou já tinham começado a brigar? — pergunta o professor.

— Acontece que ele disse que era melhor trocar para o "Jogo B" — diz Pedro.

— É porque eu quero jogar o "B" agora — diz João.

O professor comenta:

— Acho que já entendi, vamos ver se é isso: Pedro prefere jogar "A", mas João prefere o "B". Correto?!

— Sim — respondem as crianças.

— Vejo também que, embora João não goste muito de jogar "A", concordou em jogar um pouco porque é amigo de Pedro. Certo?

— Sim — diz João.

– Muito bem, me parece que a pergunta para Pedro é se ele pode jogar agora o "B", mesmo que não goste tanto, porque ele é amigo de João.
– Está bem, mas só um pouquinho – diz Pedro.
– Ótimo, está combinado. Agora só falta pedirem desculpas pela briga.
– João, me desculpa? – diz Pedro.
– Sim. E você me desculpa? – pergunta João.

Seguir orientações e respeitar regras

Em algumas ocasiões a inexperiência das crianças e o uso das mesmas estratégias pelos professores não contribuem para que os alunos avancem no que se refere a orientações ou a regras.

Na Educação Infantil, muitas vezes as orientações do professor são muito parecidas no dia a dia, o que faz com que os alunos sempre saibam o que vai acontecer e não se preocupem em escutar o que o professor diz. Esse comportamento pode ter consequências bastante sérias no desenvolvimento da escolaridade, pois muitos alunos desenvolvem uma estratégia de "ouvir" apenas o que parece ser a "palavra-chave" da orientação e não se preocupam em escutar os detalhes.

Por isso é importante que o professor diversifique suas orientações, pois com essa atitude, além de aprenderem a escutar o que ele diz, as crianças passam a se preocupar em ouvir os detalhes, as diferenças de uma tarefa para a outra; enfim, aprendem a escutar o que outro diz para depois selecionar o que julgam importante na fala.

Para tal, é importante que o professor ofereça indicações específicas sobre suas expectativas para a atividade. Além disso, precisa que eles se envolvam na escuta para que possam lembrar o que foi dito, a fim de poderem desempenhar as funções esperadas.

Exemplo 6

Em uma aula da Educação Infantil o professor oferece orientações para as crianças:

– O que vamos fazer hoje é continuar a montar os chapéus. Vamos lembrar quais as orientações que dei ontem. Raquel, você lembra o que falamos sobre as tesouras?

– Que não vamos cortar roupa e nem cabelo, apenas o papel.

– Muito bem, vamos recortar apenas o papel com as figuras que vamos colar no chapéu, certo? E sobre a cola, o que combinamos?

– Que é preciso fechar a cola logo depois de usar.

– Muito bem, que mais? O lixo...

– Que vamos recolher o lixo que cair no chão ou na mesa.

– Muito bem, já estamos prontos para trabalhar?

As crianças se olham surpresas.

– Olhem bem, o que está faltando para que possamos começar?

– Colocar os aventais!

– Muito bem, agora sim.

No final da aula o professor orienta:

– Daqui a 5 minutos vai soar a campainha para terminarmos o trabalho.

Todos organizam seu material, limpam a sujeira e esperam, prontos, a campainha tocar.

Se, eventualmente, algum aluno não segue as orientações, o professor precisa retomar com a classe os combinados para que, assim, os alunos possam ir confirmando e confiando que o que combinam de fato é seguido. Por isso, os professores têm de estar atentos para serem coerentes em suas atitudes com os alunos. Não adianta combinar e não cumprir, **em todos os detalhes**, o que foi acordado no grupo.

Muitas vezes os professores pensam que é "óbvio" que tal combinação foi cumprida, mesmo que não especifiquem isso nos mínimos detalhes. Acontece que aquilo que é óbvio para mim não o é para todos, pois o "óbvio" também é dependente do conhecimento prévio de cada sujeito (SCHWARTZ, 2006). Nesse sentido, a atenção do professor precisa estar focada na orientação dada, retomando inclusive o que possa parecer (para ele) detalhe ou obviedade.

Alguns parâmetros de avaliação do trabalho docente pelo professor

No desenvolvimento dos capítulos deste livro procurei enfatizar que é papel do professor planejar situações didáticas que contribuam para que as crianças façam uso da linguagem oral com avanços significativos. Ensinar e aprender a falar e a escutar são processos que demandam intencionalidade e planejamento. Neste trabalho, as atitudes do professor, as orientações que utiliza e as atividades que planeja têm potencial determinante para a qualidade das ações e seus resultados.

As atividades planejadas precisam estar embasadas em critérios específicos em relação ao tipo de orientação dada para cada um e a oportunidade que oferecem de participação dos alunos.

Para finalizar o livro, sem pretender esgotar o tema, sugiro alguns parâmetros para autoavaliação no sentido de que o professor possa acompanhar seu próprio desempenho e modificar algo, se perceber a necessidade. Os parâmetros são baseados em expectativas que se tem, de modo geral, na construção das aprendizagens da fala e da escuta pelas crianças.

Saliento que é apenas uma sugestão de como acompanhar e que, por isso, cada professor pode adaptá-la de acordo com suas prioridades. A intenção deste instrumento é pontuar critérios que contribuam para que o professor possa acompanhar sua prática, avaliá-la e qualificá-la, se necessário for.

Aspectos relacionados com o clima da sala de aula

Aspectos relacionados a	Critérios avaliativos	Sim? (Marcar um X)
Planejamento da aula	Planejo cuidadosamente o que farei (tarefa, atividade), tendo clareza do(s) objetivo(s) da tarefa (o que quero que os alunos aprendam com ela); como é descrito nos mínimos detalhes (tipo de organização, materiais, passos a serem dados etc.).	
Atitudes em relação aos alunos	Falo em tom cordial e coerente com as ações desenvolvidas em aula.	
	Olho todas as crianças nos olhos e me abaixo quando me dirijo a uma delas especificamente.	
	Procuro identificar as necessidades e gostos particulares de cada um e utilizo esse conhecimento em seu benefício.	
Rotina da sala de aula	Há evidências de que a classe está organizada em função de uma "rotina não rotineira"[15] que se repete de um dia para o outro ou de uma semana para a outra.	
	A jornada de trabalho inclui momentos especiais para realizar atividades planejadas intencionalmente, visando promover a utilização da linguagem oral.	
	Aproveito diferentes tarefas escolares para promover conversações entre pares.	
	Faço leitura deleite diária.	
Orientações para participação em aula	Antes de iniciar uma atividade, solicito que as crianças retomem o que vão fazer, como e para quê.	
	Regras específicas sobre como é uma participação organizada (esperar sua vez, escutar o outro, pensar o que quer falar etc.) também são retomadas.	

---

15. Cf. nota 6.

Participação dos alunos	Solicito que todos participem, inclusive os mais tímidos.	
	Estimulo que os alunos (re)pensem suas respostas, descrevam, expliquem e relacionem o que dizem com outros conhecimentos ou experiências próprias.	
	Quando necessário, amplio a linguagem dos alunos, retomando o que disseram para ajudar a seguir elaborando a resposta mais clara e mais completa.	
	Questiono e/ou ofereço dicas de palavras a utilizar no que estão querendo dizer.	
Planejamento de condições para a escuta e a fala	Ajudo os alunos a escutarem uns aos outros, organizando turnos, retomando frases ou ideias para promover a continuidade da conversa.	
Retroalimentação	Peço a opinião dos outros alunos em relação ao que foi dito e como foi dito.	
	Enfatizo a necessidade de participação para que aprendam a melhorar o uso da linguagem.	
	Elogio as ideias e comento de forma proativa as inadequadas.	
Cordialidade e empatia	Quando percebo que uma criança ofende outra, solicito que o ofendido comente sobre o sentimento que a ação causou.	
	Questiono e escuto os implicados, oferecendo dicas para solucionar o impasse, de modo que ambos fiquem satisfeitos.	

81

Aspectos relacionados com oportunidades cotidianas para a fala e a escuta

Aspectos relacionados a	Atitudes esperadas	Sim? (Marcar um X)
Temas para conversas	Além dos temas propostos no currículo da Educação Infantil, introduzo novidades, notícias do cotidiano e outros temas atrativos para as crianças.	
Perguntas e valorização das falas	Elaboro questionamentos abertos que provocam diferentes tipos de resposta; aceito as respostas (não qualifico ou faço que não ouço); oportunizo que as crianças especifiquem informações ou comparem respostas até chegarem a um consenso.	
Relembrar temas e estabelecer relações	Ao abordar um tema ajudo as crianças a relacionarem com um outro já comentado ou com uma informação já conhecida.	

Esforços no sentido de incentivar a qualificação do vocabulário e o conhecimento da língua

Aspectos relacionados a	Atitudes esperadas	Sim? (Marcar um X)
Desfrutar a leitura diária	Escolho textos de qualidade, com temas interessantes para as crianças e dos quais eu também goste.	
	Prefiro, sempre que possível, histórias originais, em vez de adaptações.	
	Ensaio a leitura.	
	Não substituo palavras por outras que considero mais fáceis enquanto leio.	
	Esclareço o significado de palavras quando eles solicitam.	

Mobilizar conhecimento prévio	Antes de ler, mostro a capa, o título, comento sobre o autor.	
	Questiono se já lemos algo do mesmo autor ou sobre o mesmo tema.	
	Valorizo o que falam; dou pistas para que relembrem; contribuo para organizar suas ideias.	
Jogar com a linguagem	Enfatizo palavras diferentes da história e aproveito para perguntar com o que rimam.	
	Ofereço pistas para que os alunos identifiquem e expliquem o significado de palavras "novas", utilizando o contexto no qual elas estão inseridas.	
Exemplificar	Utilizo de modo intencional palavras, frases e expressões pouco familiares às crianças.	
	Planejo situações para que as crianças as utilizem em contextos específicos e variados.	

Falar e escutar a partir de diferentes práticas sociais

Aspectos relacionados a	Atitudes esperadas	Sim? (Marcar um X)
Ouvir narrativas	Leio e conto anedotas, acontecimentos cotidianos etc.	
	Questiono para verificar se entenderam.	
	Através de questionamentos, ajudo a compreender relações de causa-consequência, problema-solução.	
	Peço a opinião deles sobre o que relatei, solicito alternativas, sugestões etc.	

Aspectos relacionados a	Atitudes esperadas	Sim? (Marcar um X)
Narrar	Peço que contem histórias e fatos que vivenciaram.	
	Peço que ditem, enquanto eu escrevo, uma história conhecida do grupo.	
	Leio o ditado e peço que façam correções, melhorias ou especificações.	
	Faço sugestões sobre esperar a vez, o tom de voz e atitudes que contribuam para a qualidade da narração.	
Seguir instruções	Indico o objetivo da atividade.	
	Especifico tempo e materiais necessários.	
	Dou uma instrução de cada vez.	
	Ajudo a recapitular o que e como fizeram.	
Ouvir apresentações ou palestras	Oportunizo que escutem diferentes exposições de diferentes tipos de pessoa.	
	Ofereço espaço para que questionem ou contribuam.	
	Exemplifico o tipo de perguntas que se faz quando algo não ficou claro ou se não concordam.	
	Faço relações do que ouviram com o que já sabem.	
	Elaboro outras perguntas para desencadear pensamentos e hipóteses sobre outros aspectos do tema.	

Frequência com que planejo situações específicas de fala e escuta

Situações planejadas	Número de vezes
Convido algum especialista para conversar sobre algum tema específico com as crianças.	
Peço que alguma criança/grupo organize e faça uma apresentação.	
Leio textos informativos para elas.	
Leio notícias de jornal para elas.	
Organizo situações para que exponham seus trabalhos a outras (feiras etc.).	
Proponho atividades que demandam seguir instruções (jogos, receitas, montagens etc.).	
Organizo momentos em que representem alguma peça ou situação.	
Proponho atividades que demandem que elas descrevam e expliquem.	
Proponho atividades de jogos com a linguagem.	

Concluindo

O foco deste livro foi o ensino e a aprendizagem sistemáticos da fala e da escuta desde o início da escolaridade. Ele teve origem na percepção empírica, ao longo de anos trabalhando no magistério superior, das dificuldades de alunos de graduação e pós-graduação em organizar e manifestar seu pensamento em diferentes situações didáticas ou não.

Com base nessa percepção, direcionei o olhar da observação para outros níveis de escolaridade, aproveitando situações de estágio, de pesquisas desenvolvidas com outros objetivos e de diferentes oportunidades de interação com professores dos mais variados cursos e modalidades de ensino, para analisar se era uma percepção generalizada ou se apenas eu percebia dessa forma.

Pesquisei também em bancos de dissertações e teses da área da Educação, utilizando como palavras-chave "fala e escuta", e não encontrei nenhuma nessa área sobre a sistematização do ensino e da aprendizagem. Por isso, quando me deparei com a obra de Vernon e Alvarado (2014), que fez parte da ideia deste livro, fiquei muito entusiasmada em produzir um material sobre o tema, utilizando muitas sugestões de atividade fornecidas por ela.

Um dos objetivos deste livro é instrumentalizar futuros professores da Educação Infantil, bem como professores já atuantes, no seu planejamento diário. Como já comentamos, toda aula se constitui do planejamento didático, da explicitação detalhada do que, do para quem, do para que, do por que e do como. É importante que o professor tenha clareza nas suas escolhas didáticas, das atividades que vai propor, seus objetivos de aprendizagem com elas e como vai avaliar se eles foram alcançados.

Além disso, o livro intenciona promover um debate sobre o tema e também ouvir outros professores formadores de professores e suas percepções sobre a necessidade de sistematização de atividades que priorizem a fala e a escuta nas diferentes modalidades de ensino, sugestões de estratégias alternativas, críticas, indicação de bibliografia. O livro pretende ser, portanto, um dos agentes desencadeadores desse debate. Espero encontrar, através dele, outras pessoas desejosas de contribuir. Disponibilizo aqui o meu e-mail (sznschwartz@gmail.com) e fico no aguardo de quem tenha "escutado" minhas ideias e preocupações e que possa contribuir, com sua fala, conhecimento e argumentos, para que elas avancem.

Até breve!

Referências

BRASIL/MEC. *Referenciais Curriculares Nacionais para a Educação Infantil* [Disponível em http://portal.mec.gov.br/seb/arquivos/pdf/rcnei_vol1.pdf – Acesso em fev./2016].

CASTELLÓ BADIA, M. Hablar para seducir. In: *Cuadernos de Pedagogía*, n. 298, 2001. Madri.

COLELLO, S.M.G. *A escola que (não) ensina a escrever*. São Paulo: Summus, 2012.

COLELLO, S.M.G.; LUCAS, M.A.O.F. *A reinvenção da escola*: os desafios de educar e de ensinar a língua escrita [Disponível em http://www.hottopos.com/isle27/05-12ColelloLucas.pdf – Acesso em 15/09/2017].

DEMO, P. *Pesquisa participante* – Saber pensar e intervir juntos. Brasília: Liber Livro, 2004.

FERREIRO, E.; TEBEROSKY, A. *Psicogênese da língua escrita*. Porto Alegre: Artes Médicas, 1985.

FORTUNA, T.R. Formando professores na universidade para brincar. In: SANTOS, S.M.P. (org.). *A ludicidade como ciência*. Petrópolis: Vozes, 2001.

FREIRE, M. *Rotina*: construção do tempo na relação pedagógica. São Paulo: Espaço Pedagógico, 1998.

FREIRE, P. *Pedagogia da autonomia:* saberes necessários à pratica educativa. 9. ed. Rio de Janeiro: Paz e Terra, 1998.

GARCIA, R.L. *Revisitando a pré-escola*. São Paulo: Cortez, 1993.

GEEMPA. *Alfabetização em classes populares*. Porto Alegre: Kuarup, 1986.

GROSSI, E. *Escola infantil: por que e como*. Brasília: Câmara dos Deputados, 1997.

HAGUETTE, T.M.F. *Metodologias qualitativas de pesquisa em Ciências Sociais*. 4. ed. Petrópolis: Vozes, 1995.

INEE. *Prácticas pedagógicas y desarrollo profesional docente en preescolar*. México: Inee, 2013.

LUCKESI, C.C. Educação, ludicidade e prevenção das neuroses futuras: uma proposta pedagógica a partir da biossíntese. In: LUCKESI, C.C. (org.). *Ludopedagogia* – Ensaios 1: educação e ludicidade. Salvador: Gepel, 2000.

LYBOLT, J.; GOTTFRED, C.H. *Cómo fomentar el lenguaje en el nivel preescolar*. México: Oficina Internacional de Educación/Academia Internacional de Educación [Serie Prácticas Educativas, 13].

MEIRIEU, P. *O cotidiano da sala de aula*: o fazer e o compreender. Porto Alegre: Artmed, 2005.

MORIN, E. *Os sete saberes necessários à educação do futuro*. São Paulo: Cortez, 2000.

MRECH, L.M. *Psicanálise e educação*: novos operadores de leitura. São Paulo: Pioneira, 2002.

OSTETTO, L.E. (org.). *Encontros e encantamentos na Educação Infantil*. 5. ed. Campinas: Papirus, 2000.

PERRENOUD, P. *Construir as competências desde a escola*. Porto Alegre: Artes Médicas, 1999.

SCHWARTZ, S. *Inquietudes pedagógicas da prática docente*. Petrópolis: Vozes, 2016.

_____. *Alfabetização de Jovens e Adultos*: teoria e prática. Petrópolis: Vozes, 2010.

SILVA, E.T. *Os (des)caminhos da escola*. São Paulo: Cortez, 1979.

TONUCCI, F. *La escuela como investigación*: la creatividad. 4. ed. Madri: Ferran Pellisa, 1974.

TORO, B. Temos uma escola fragmentada na América Latina. In: *Zero Hora*, n. 18.363, 22/11/2015 [Entrevista].

VELLUTINO, F.R. Individual Differences as Sources of Variability in Reading Comprehension. In: SWEET, A.P.; SNOW, C.E. (eds.). *Rethinking Reading Comprehension*. Nova York: The Guilford Press, 2003.

VERNON, S.; ALVARADO, M. *Aprender a escuchar, aprender a hablar: la lengua oral en los primeros años de escolaridad* – Materiales para apoyar la práctica educativa. México: Inee, 2014.

VYGOTSKY, L.S. *Pensamento e linguagem*. São Paulo: Martins Fontes, 1988.

Dissertações, teses, artigos consultados

BITTENCOURT, D.C.R. *A escuta do professor de Educação Infantil na constituição da criança-sujeito*. Salvador: Uneb, 2011, 168 f. [Dissertação de mestrado].

CARDIAS, S.M. *O diálogo como elemento mediador de práticas educativas reflexivas* [Disponível em http://coral.ufsm.br/gpforma/2senafe/PDF/022e4.pdf – Acesso em abr./2016].

CHAER, M.R.; GUIMARÃES, E.G.A. *A importância da oralidade* – Educação Infantil e séries iniciais do Ensino Fundamental [Disponível em http://pergaminho.unipam.edu.br/

documents/43440/43870/a-importancia.pdf – Acesso em abr./2016].

http://bancodeteses.capes.gov.br [Acesso em 20/12/2015].

http://www.dominiopublico.gov.br/pesquisa/searchSession.jsp?query=fala%20escuta&maxResults=10000&Search=&first=9&skip=1900&pagina=39 [Acesso em 20/12/2015].

Índice

Sumário, 7
Prefácio, 9
Parte I – Falar e escutar na sala de aula, 11
 Introdução e contextualização da temática, 11
 O planejamento docente, 23
 Para que planejar estratégias didáticas que priorizem a fala e a escuta?, 27
 Quais aspectos da linguagem oral devem ser abordados na Educação Infantil e ao longo da escolaridade?, 29
 Alternativas estratégicas de intervenção didática, 36
 Exemplo de um planejamento diário baseado nos pressupostos apresentados, 40

Parte II – Descrição e análise de atividades práticas para aprender a falar e a escutar, 43
 Atividade 1 – Passa-passa, 43
 Atividade 2 – Rodadas de nomes, 44
 Atividade 3 – Quem está de acordo?, 45
 Atividade 4 – O que mais gostamos desse dia?, 46
 Atividade 5 – Formar filas por..., 48
 Atividade 6 – Jogo de sombras, 49
 Atividade 7 – Sentimentos, 50

Atividade 8 – Iguais e diferentes, 51
Atividade 9 – As pessoas com quem moro, 52
Atividade 10 – O cofre do tesouro, 53
Atividades para descrever e explicar, 55
   Atividade 1 – O que tenho no bolso?, 55
   Atividade 2 – Como estou vestido?, 57
   Atividade 3 – Descrição de cenários e pessoas, 58
   Atividade 4 – Narrar e descrever sonhos e/ou expectativas para o futuro, 59
   Atividade 5 – Outro ponto de vista, 59
   Atividade 6 – O esconderijo, 60
   Atividade 7 – O primeiro seminário, 61
Atividades para dar e seguir instruções, 62
   Atividade 1 – Crianças com controle remoto, 62
   Atividade 2 – Como você fez essa "maravilha"?, 63
   Atividade 3 – Ditado de desenhos, 64
   Atividade 4 – Vamos cozinhar, 65
Atividades para jogar com a linguagem oral, 65
   1 Rimas, 66
   2 Trava-línguas, 66
   3 Adivinhas, 67
Outras intervenções possíveis durante a rotina escolar, 68
   Atendimento de necessidades básicas, 68
      Exemplo 1, 69
      Exemplo 2, 70
      Exemplo 3, 71
      Exemplo 4, 72
   Brincar e brigar, 73
      Exemplo 5, 74

Seguir orientações e respeitar regras, 75
   Exemplo 6, 76
Alguns parâmetros de avaliação do trabalho docente pelo professor, 79
Concluindo, 87
Referências, 89
   Dissertações, teses, artigos consultados, 91

CULTURAL
Administração
Antropologia
Biografias
Comunicação
Dinâmicas e Jogos
Ecologia e Meio Ambiente
Educação e Pedagogia
Filosofia
História
Letras e Literatura
Obras de referência
Política
Psicologia
Saúde e Nutrição
Serviço Social e Trabalho
Sociologia

CATEQUÉTICO PASTORAL
Catequese
Geral
Crisma
Primeira Eucaristia

Pastoral
Geral
Sacramental
Familiar
Social
Ensino Religioso Escolar

TEOLÓGICO ESPIRITUAL
Biografias
Devocionários
Espiritualidade e Mística
Espiritualidade Mariana
Franciscanismo
Autoconhecimento
Liturgia
Obras de referência
Sagrada Escritura e Livros Apócrifos

Teologia
Bíblica
Histórica
Prática
Sistemática

REVISTAS
Concilium
Estudos Bíblicos
Grande Sinal
REB (Revista Eclesiástica Brasileira)

VOZES NOBILIS
Uma linha editorial especial, com importantes autores, alto valor agregado e qualidade superior.

VOZES DE BOLSO
Obras clássicas de Ciências Humanas em formato de bolso.

PRODUTOS SAZONAIS
Folhinha do Sagrado Coração de Jesus
Calendário de mesa do Sagrado Coração de Jesus
Agenda do Sagrado Coração de Jesus
Almanaque Santo Antônio
Agendinha
Diário Vozes
Meditações para o dia a dia
Encontro diário com Deus
Guia Litúrgico

CADASTRE-SE
www.vozes.com.br

EDITORA VOZES LTDA.
Rua Frei Luís, 100 – Centro – Cep 25689-900 – Petrópolis, RJ
Tel.: (24) 2233-9000 – Fax: (24) 2231-4676 – E-mail: vendas@vozes.com.br

UNIDADES NO BRASIL: Belo Horizonte, MG – Brasília, DF – Campinas, SP – Cuiabá, MT
Curitiba, PR – Fortaleza, CE – Goiânia, GO – Juiz de Fora, MG
Manaus, AM – Petrópolis, RJ – Porto Alegre, RS – Recife, PE – Rio de Janeiro, RJ
Salvador, BA – São Paulo, SP